KB107689

슬기로운 중학 공부법

일러두기

- 본문 내 표와 수치 자료는 참고용으로, 실제 인원은 반드시 대학의 입시요강을 확인해야 합니다.
- 과목명 및 교재명은 < >로 표시했습니다.

~~~ 알파 자녀와 밀레니얼 학부모의 대입 대비 ~~~

슬기로운 중학 공부법

이해웅 지음

타임북스
TIME BOOKS

$$\sim\!\!\sim\!\!\sim \text{ 차례 } \sim\!\!\sim\!\!\sim$$

2장 수시모집과 정시모집

3장 단계별 골든타임을 잡아라

4장 최적의 전략으로 공부의 효율을 높여라

5장 비대면 혼공 시대의 맞춤형 공부법

입시 골든타임을 앞둔
알파 자녀와 밀레니얼 학부모들에게

초등·중·고등학생은 공부를 왜 하는가?

아마 80~90년대 패러다임에 익숙한 학부모는 '성공하기 위해서'라고 답할 것이다. 틀린 말은 아니다. 그 시대에는 대학 졸업장이 곧 성공의 보장이었다. 대한민국은 고도성장 중이었고 어느 회사나 대졸 인력이 부족했다. 특히 수출을 중심으로 한 기업의 경우 영어 팩스를 읽고 서류를 정리할 줄 아는 인력이 절실했다. 하지만 지금은 아니다. 대학을 졸업해도 마음에 드는 일자리는 없다. 팩스는 인터넷이 대신하고 서류 정리도 인트라넷이 대체하고 있다. 이제 대학 졸업장만 있는 단순 사무직은 그렇게 많이 필요하지 않다. 경영학과를 졸업하면 금융 관련 전문 지식은 물론이고 새로운 매출을 일으킬 수 있는 능력이 있어야 한다. 대학 졸업장보다는 '실제 능력'이 필요한 것이다. 그러니 이것도 지금은 맞지 않는 답같다.

또 어떤 이는 이렇게 답할지도 모른다. '성인이 돼서 필요한 실력을 키우려고.' 이건 너무 이상적인 답이다. 실제 교육 현장에선 어울리지 않는다. 필수 과목인 국·영·수만 보더라도, 수학 문제를 잘 푸는 것이 모든 성인에게 필요하지는 않다. 영어는 필요하지만 학교 영어가 아닌 생활 영어가 필요하다. 어차피 졸업하고 학원에 다녀야 한다. 어른이 되면 글을 읽고 판단하고 결정해야 하기에 국어는 필요하겠다. 하지만 성인이 되어 취업을 하면 정작 필요한 것은 노동법이나 실질적인 자산 관리 수단인 주식과 부동산일지도 모르는데 공교육에서는 가르쳐 주지 않는다. 이것 역시 부족한 답이다.

사실 부모로서의 필자가 생각하는 솔직한 답은 '부모가 일하는 데 방해되지 않도록 학교에 보내 관리하는 것이 안전하고 편리하므로.'라고 하고 싶다. 학교 교육은 청소년들을 통솔하기에 가장 효율적인 방법이다. 규칙이란 이름으로 사회에서 모난 돌이 되지 않도록 관리하는 데 학교만큼 좋은 시스템은 없다. 그러나 이것도 정답은 아닌 듯하다.

그럼 진정한 답은 뭘까? 그렇다. 모두가 마음 한편 당연하다고 여기는 '대학 진학'이다. 특성화고나 특수목적고(이하 특목고)처럼 특수한 목적으로 만들어진 고등학교를 제외한 대부분의 일반고의 목표는 대학 진학이다. 고등학교는 대학에 가기 위한 징검다리다. 학생 수 감소로 이제 누구나 대학에 갈 수 있다. 그리고 대학에 가면 정말 필요한 것을 골라서 배울 수 있다.

이 책은 대학 진학을 전제로 교육 분석을 하여 최종 목표에 이를 수 있는 최적의 솔루션을 제시하려 한다. 공부의 목적에 수긍이 되었다면, 이제 입시의 체계를 이해할 필요가 있다. 입시는 두 가지 관점으로 볼 수 있다.

첫째가 '어떻게 하면 입시 시스템을 통해서 제대로 가르치고 배워서 실력을 키울 것인가'에 초점을 두면, 다른 하나는 대학 입시의 공정성과 효율성 중심으로 보는 것이다. 이 두 가지 관점은 양립하기 어렵다. 미국이나 유럽의 선진국은 전자에 관심이 더 많다. 그러나 우리 사회는 후자 위주로 시스템이 구축되었다.

만약 중학교 2학년 때 방황을 시작해서 고등학교 2학년이 되어 공부를 다시 시작하려고 각성한 학생이 있다면, 중학교 2학년, 3학년 과정을 다시 공부해야 할 것이다. 하지만 수능 범위를 가르쳐야 하고 정해진 교육과정을 완수해야 하는 학교로선 이런 학생들에게 눈 돌릴 틈이 없다. <수학Ⅰ>과 <수학Ⅱ> 진도를 나가야 하고 1학기 내신 시험에 <수학Ⅰ> 시험을 봐야 한다. 방황하다 돌아온 학생은 중2, 중3 과정을 독학해야 한다. 심지어 고1 <수학(상)>, <수학(하)>도 빨리 독학해서 <수학Ⅰ>까지 따라가야 한다. 이건 불가능한 일이다. 사춘기도 겪지 않고 한눈 한 번도 팔지 않고 정말 성실하게 공부하는 극소수의 학생들을 제외한 나머지는 낙오하기 십상인 구조다.

현재 우리 사회는 대학 입시 즉, 선발이라는 관점이 교육을 지배하고 있다. 여기엔 부작용이 따른다. 학생들은 '시험 잘 보는 것이 곧 공부 잘하는 것'이란 명제에 사로잡힌다. 시험 결과와 실력은 반드시 일치하지 않는다. 실력은 있으나 시험에 약한 학생들도 있고 요령으로 시험만 잘 보는 학생이 있을 수 있다. 그러나 사회 통념상 시험 점수가 곧 실력이라는 방향성을 제시하면 학생들은 실력을 키우기보다는 시험 점수를 잘 받기 위해 전력투구하게 된다. 고1 학생들의 치열한 내신 전쟁과 고3과 재수생들의 처절한 수능앓이가 그 결과다.

입시가 영어 교육을 지배하면 미국인처럼 영어가 능숙한 학생이 한국식 문법을 암기하느라 시간을 써야 한다. 입시가 수학 교육을 지배하면 정해진 시간 내에 연산을 빨리 끝내는 훈련만 남게 될 것이다.

안타깝게도 이 구조는 상당 기간 변하기 어려워 보인다. 선발을 지속적으로 강조하고 주장하는 교육 기득권 세력이 있기 때문이다. 이미 선행 학습을 통해 시험 범위까지 진도를 모두 끝낸 학생과 학부모들은 제도나 시스템이 바뀌면 이미 완성한 시험 능력이 소용없게 되므로 선발을 강조한다. 또한 현행 시스템으로 돈을 버는 학원들도 보수적이다. 이들의 목소리가 언제나 크게 작용한다. 현행 평가 시스템으로 최상위권을 점하고 있는 당사자들은 당연히 보수적이다.

따라서 이 책은 현실 제도에 맞게 교육적 가치보다는 입시적 실용성에 초점을 맞추어서 공부법을 다루려고 한다. 바로 '현행 대학 입시에 적합한 시험 잘 보는 공부법'말이다. 그러다 보니 '누구나 명문대를 갈 수 있다'는 무책임한 희망 고문보다는, 가슴 아픈 현실을 적나라하게 보여주기도 할 것이다. 그래야 학생들이 헛고생을 덜 할 수 있고 시간을 더욱 가치 있게 쓸 수 있기 때문이다. 이 책을 읽는 모든 학생과 학부모들이 '나(아이)'를 둘러싼 교육의 패러다임을 제대로 이해하고 '내(아이)가 지향하는 목표'를 현명하게 설정해 그에 맞는 공부법을 슬기롭게 적용하여 최상의 결과를 맞이하기를 기대한다.

2021년 10월
선정릉을 바라보며
이해웅

~~~ 1장 ~~~

대학 입시
파악하기

선발 중심에서
교육 중심으로 대입 변화

대학 입시라고 하면 보통 서울대 입시가 어떻고, 의대 입시가 어떻고 하면서 바로 개별 대학 입시를 언급한다. 이는 숲을 보지 않고 나무만 보는 것이다. 반드시 숲과 나무를 동시에 봐야 한다. 이 책에서는 숲을 먼저 살펴보고 나무를 보려 한다. 특히 아직 본격 수험생이 아닌 중학생이라면 더욱 숲을 보면서 입시의 패러다임을 이해하는 것이 큰 도움이 될 것이다.

우리나라 대학 입시의 새 역사가 시작된 것은 1993년 미국식 대학수학능력시험(이하 수능)으로 교체되면서부터라 할 수 있다. 이전까지 일제 강점기의 영향으로 일본식 입시 시스템인 '선발의 효율성'만 강조한 학력고사에 비하면 혁신적인 발전이었다. 교육계에 '단순 암기가 아니라 이해하고 적용할 수 있는 능력이 필요하다'라는 메시지를 던지며 사고력과 독서의 중요성을 증폭시켰다. 이후 미국형 수시모집까지 시행되면서 100% 선발만 고집하던 입시가 드디어 '교육'이란 측면을 고려하기 시작했다.

학령인구 감소 VS 변함없는 대학 모집 인원

대입에서 숲을 보려면 먼저 수험생의 인원과 대학의 선발 인원의 상관관계를 이해해야 한다. 커다란 흐름으로 보면 학령인구의 감소로 수험생은 줄어들고 있는데 대학의 정원은 탄력적으로 감소하지 못하고 있다. 게다가 부모 세대만큼 대학 졸업장이 취업과 성공을 보장해 주지 않으면서 대학이 더는 유용한 간판이 아니라는 사회 풍조도 더해졌다. 일부 전문 자격증을 부여하는 대학만 경쟁이 더 치열해질 뿐이다.

전반적으로는 확실히 대학이 갑이 아니라 학생들이 갑이 되는 상황이다. 대학 진학이 상대적으로 수월해지고 있다. '커트라인'은 상대적으로 낮아지고 있으며, 재수를 하는 움직임도 줄어들 것으로 예상된다.

전국 수험생 수 들여다보기

2019년 4월 기준으로 전국에 2,356개의 고등학교가 있다. 이 중 특성화고와 특목고 일부를 제외하고 대학 입시와 직접 연관이 있는 고등학교로 범위를 좁히면, 일반고 1,555개, 자율고가 154개, 외국어고 30개, 국제고 7개, 과학고(영재학교 포함) 28개로, 합하면 총 1,774개 고등학교가 대학 입시를 목표로 한다. 이는 전교 1등이 1,774명 있고, 전교 10등은 전국에 17,774명이 존재한다는 걸 의미한다.

대학 입시와 직접 연관된 전국 고등학교 현황   (2019. 4. 현재)

	일반	외국어고	국제고	과학고 (영재교 포함)	자공고	자사고	소계
학교수(교)	1,555	30	7	28	112	42	1,774
전교 1등(명)	1,555	30	7	28	112	42	1,774
학급수(개)	39,694	720	135	418	3,005	1,294	45,266
반 1등	13,231	240	45	139	1,002	431	15,089
학생수(명)	1,001,756	17,036	3,173	6,911	75,093	38,836	1,142,805
고1 학생수	320,416	5,917	1,048	2,492	33,804		363,677

표에 따르면 전국 고등학교의 학급 수가 45,266개이므로 한 학년에 약 15,000개의 학급이 있는 셈이다. 학생 수는 1,142,805명이고 2020년 고1 신입생은 363,677명이다(예체능 특기자를 제외하고). 이 인원이 대학에 입학하려는 수험생이라고 한다면, 반 1등은 15,000명 정도이므로 고1 반에서 5등은 전국에서 약 75,000등 안에 든다고 이해하면 된다.

대학의 선발 인원

이제 학생들이 가고 싶어 하는 대학들이 어느 정도의 학생을 선발하는지 보자. 학생과 학부모들이 '최애'하는 의약학계열과 교대, SKY(서울대, 고려대, 연세대)의 2022학년도 모집인원은 22,403명이다. 이를 3,214개 중학교로 나누면 학교당 7명 정도가 들어갈 수 있는 것이다. 고1을 기준으로 하면 1,774개 고등학교에서 학교당 12명 정도가 진학 가능하다는 결론이 나온다.

① 이과 지원 모집단위

2022학년도 의약학계열, 서울대, 연세대, 고려대 이과 모집인원

	수시	정시	미정	합
의대	1,767	1,189	-	2,956
치대	350	268	-	618
약대	943	727	110	1,780
한의대	385	278	-	663
수의대	302	190	-	492
서울대(의약학계열 제외)	1,548	658	-	2,206
연세대(의약학계열 제외)	827	510	-	1,337
고려대(의약학계열 제외)	933	628	-	1,561
서강대	410	270	-	680
성균관대(의약학계열 제외)	879	656	-	1,535
한양대(의약학계열 제외)	696	591	-	1,287
소계	9,040	5,965	110	15,115

이 중 이과가 지원 가능한 모집단위를 보자. 이과 학생 중에 경영학과나 경제학과 지원자도 있을 수 있어 경영학과나 경제학과 모집인원은 이과에 포함했다. 의약학계열부터 SKY까지 이과 성향의 학생 중 11,613명이 진학 가능하다. 이과에서 서성한(서강대, 성균관대, 한양대)까지 확장하면 모집인원이 15,115명이다. 1,774개교에서 외국어고 30개와 국제고 7개를 제외하고 이과로 진학을 고려하는 고등학교는 1,737개교이다. 대략 이과 학생 중 전교 9등 정도까지가 진학 가능한 수준이다.

② 문과 지원 모집단위

2022학년도 서울대, 연세대, 고려대, 교대, 서성한 문과 모집인원

대학	수시	정시	합
서울대	816	378	1,194
연세대	904	753	1,657
고려대	1,108	664	1,772
교대	2,683	1,820	4,503
서강대	557	371	928
성균관대	846	661	1,507
한양대	614	399	1,013
소계	7,528	5,046	12,574

　문과의 경우 의약학계열이 없기 때문에 사실상 상위권 경쟁은 이과보다 치열하다. 문과는 서울대 1,194명, 연세대 1,657명, 고려대 1,772명을 모집해서 합하면 4,623명이다. 반면 문과에 진학하려는 고등학교는 전체 1,774개교에서 과학고와 영재학교 28개를 제외하면 1,746개교나 된다. 정말 치열한 상황이다. 문과에서 전교 3등은 해야 SKY 진학을 꿈꿀 수 있다. 여기에 교대와 서성한을 합하면 12,574명이다. 교대가 4,503명으로 상당한 인원을 차지하지만 의약학계열보다는 적은 인원이다. 서성한까지 모집인원 전부를 합해도 이과보다는 적은 수이다.

수시모집과 정시모집 인원

　대학 입시는 모집 시기에 따라 수시모집과 정시모집으로 구분된다. 수시모집은 미국의 'early'라고 하는 시스템을 도입한 것이다. 9월 초에 원서 접수를 하고 12월에 합격자를 발표한다. 정시모집은 수능 시험 성적표가 나오고 원서를 접수한다. 수시모집과 정시모집을 구분하는 가장 확실한 기준은 수능 성적표가 있느냐 없느냐. 수시모집은 수능 성적표가 없는 상태로 지원하고 정시모집은 수능 성적표를 확인하고 지원한다. 그래서 정시모집은 수능 성적에 주로 의존한다. 일부 실기나 서류가 반영되기는 하지만 기본적으로 수능 점수 순서대로 대학에 진학하는 틀을 유지한다. 그러나 수시모집은 수능 성적을 알지 못하는 상태에서 지원하기 때문에 수능 성적은 보조적인 역할만 하고 주로 학생부를 중심으로 선발한다.

이 장에서는 수시모집은 '학생부 중심 선발, 정시모집은 수능 성적 중심 선발'이라는 것만 이해해도 충분하다. 두 전형의 자세한 분석은 2장에서 다루겠다.

구분	전형 방식		주요 전형 요소
수시	학생부	교과	• 학생부 교과 등
		종합	• 학생부(교과, 비교과, 면접) 등
	논술 위주		• 논술 등
	실기 위주		• 실기 등 (특기 등 증빙 자료 활용 가능)
정시	수능 위주		• 수능 등
	실기 위주		• 실기 등 (특기 등 증빙 자료 활용 가능)

웅쌤의 핫클립

• 중학교 전교 7등까지가 의약학계열과 SKY를 노려볼 수 있는 인원이다.(2019년 기준)
• 대입의 수시모집은 학생부 중심 선발, 정시 모집은 수능 성적 중심 선발이다.

~~~ **02** ~~~

> # 주요 대학 및
> # 계열의 모집 현황

2010년을 기점으로 수시모집(이하 수시)이 정시모집(이하 정시)을 밀어내고 대학 입시에서 50% 이상의 비율을 점하게 된다. 선발 고사의 상징인 수능에 대한 의존도도 점점 낮아졌다. 2020학년도 입시에서는 수시 비율이 무려 77.3%에 달했다. 갑자기 늘어난 수시는 일부 부작용을 일으켰다. 대표적으로 고등학교에서 내신 퍼주기와 비교과를 남발하는 것이다. 세부능력과 특기사항(이하 세특)을 잘 작성하는 기술, 경시대회 늘리기 신공, 수상실적 몰아주기와 같은 꼼수가 모범사례로 둔갑되어 많은 고등학교에서 공공연히 행해지게 되었다. 학생이 어떻게 성장하느냐가 중요한 것이 아니라, 학교가 무슨 프로그램을 운영하고 교사가 어떻게 기록하느냐가 당락을 가르는 중요한 요소가 된 것이다. 이로써 학종에 대한 문제가 제기되었다. 급

기야 한 공직자의 자녀가 학종으로 대학에 진학했다는 소식이 언론을 뒤덮는 일이 벌어졌다. 학종에 대한 반감이 하늘을 찌르며 2019년 11월 28일 '대입 공정성 강화 방안'이라는 극약 처방이 내려진다. 학종 비율이 40% 이상인 서울의 주요 16개 대학에 정시 비율을 40% 이상으로 늘리라는 것이다. 또한 학종을 줄여서 내신 등급만을 반영하는 소위 '지역인재전형'을 10%로 늘리고, 고른 기회 전형도 순차적으로 10%로 늘리라는 지침이 내려졌다. 하지만 2022학년도 대입 전형의 수시 비율은 여전히 75.7%이다. 대부분 대학은 수시 중심으로 선발한다. '정시모집 40% 증가'라는 말은 최상위권 대학에는 해당되지만, 중상위권, 중위권, 하위권 대학은 여전히 수시모집이 80% 이상을 차지한다.

20년간 수시모집과 정시모집의 인원 변화

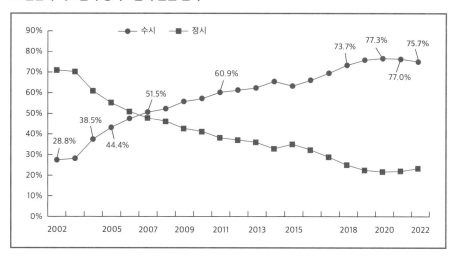

최상위권(의약학계열, 교대 및 서울 주요 상위권 대학) 모집 현황

2022학년도 의대 정시모집 비율

의대	수시	정시	정시비율	정시누적
서울대	105	30	22.2%	30
연세대	64	44	40.7%	74
성균관대	25	15	37.5%	89
가톨릭대	56	37	39.8%	126
울산대	30	10	25.0%	136
고려대	81	25	23.6%	161
경희대	70	40	36.4%	201
중앙대	36	50	58.1%	251
한양대	44	64	59.3%	315
이화여대	13	63	82.9%	378
아주대	30	10	25.0%	388
인하대	37	12	24.5%	400
가천대	25	15	37.5%	415
순천향대	54	38	41.3%	453
한림대	38	38	50.0%	491
연세대(원주)	63	27	30.0%	518
인제대	56	33	37.1%	551
부산대	95	30	24.0%	581
경북대	58	50	46.3%	631
충남대	65	45	40.9%	676
전남대	74	50	40.3%	726
충북대	20	29	59.2%	755
전북대	84	58	40.8%	813
강원대	34	15	30.6%	828
단국대(천안)	15	25	62.5%	853
건양대	35	14	28.6%	867
을지대	25	15	37.5%	882
가톨릭관동대	27	20	42.6%	902
계명대	46	30	39.5%	932

영남대	41	35	46.1%	967
원광대	63	27	30.0%	994
경상대	36	35	49.3%	1,029
동국대(경주)	34	19	35.8%	1,048
대구가톨릭	20	19	48.7%	1,067
동아대	30	19	38.8%	1,086
조선대	69	56	44.8%	1,142
고신대	50	26	34.2%	1,168
제주대	19	21	52.5%	1,189
소계	1,767	1,189	40.6%	

2022학년도 치대 정시모집 비율

치대	수시	정시	정시비율	정시누적
서울대	32	13	28.9%	13
연세대	34	24	41.4%	37
경희대	51	29	36.3%	66
단국대(천안)	20	50	71.4%	116
부산대	24	16	40.0%	132
경북대	35	23	39.7%	155
전남대	21	13	38.2%	168
전북대	26	14	35.0%	182
조선대	48	32	40.0%	214
강릉원주대	18	20	52.6%	234
원광대	41	34	45.3%	268
소계	350	268	42.6%	

2022학년도 약대 정시모집 비율

약대(제약)	수시	정시	정시비율	정시누적
서울대	44	19	30.2%	19
연세대(송도)	19	17	47.2%	36
이화여대	30	90	75.0%	126
중앙대	57	74	56.5%	200

경희대	28	16	36.4%	216
숙명여대	18	62	77.5%	-
고려대(세종)	24	12	33.3%	228
가톨릭대	23	12	34.3%	240
덕성여대	46	40	46.5%	280
동덕여대	24	20	45.5%	300
한양대(ERICA)	16	19	54.3%	319
삼육대	23	14	37.8%	333
단국대	11	22	66.7%	355
가천대	21	15	41.7%	370
아주대	15	21	58.3%	391
인제대	27	12	30.8%	403
차의과학대	30	12	28.6%	415
동국대	18	17	48.6%	432
성균관대	40	30	42.9%	462
부산대	36	24	40.0%	-
경북대	28	5	15.2%	467
강원대	35	15	30.0%	-
경상대	23	12	34.3%	479
전남대	42	23	35.4%	502
전북대	24	9	27.3%	511
충남대	30	20	40.0%	-
충북대	16	10	38.5%	521
조선대	57	74	56.5%	595
원광대	35	10	22.2%	605
계명대	20	10	33.3%	615
경성대	35	20	36.4%	635
대구가톨릭대	39	20	33.9%	655
영남대	52	28	35.0%	683
제주대	23	10	30.3%	693
순천대	15	18	54.5%	711
우석대	38	16	29.6%	727
목포대	15	15	50.0%	-
소계	943	727	40.5%	

2022학년도 한의대 정시모집 비율

한의대	수시	정시	정시비율	정시누적
경희대	63	45	41.7%	45
가천대	15	15	50.0%	60
대전대	45	27	37.5%	87
동신대	20	20	50.0%	107
부산대	20	5	20.0%	112
대구한의대	69	30	30.3%	142
세명대	22	18	45.0%	160
상지대	24	36	60.0%	196
원광대	49	41	45.6%	237
동국대(경주)	35	35	50.0%	272
우석대	23	6	20.7%	278
소계	385	278	41.0%	

2022학년도 수의대 정시모집 비율

수의대	수시	정시	정시비율	정시누적
서울대	27	13	32.5%	13
건국대	27	43	61.4%	56
충남대	33	21	38.9%	77
충북대	25	21	45.7%	98
경북대	39	15	27.8%	113
경상대	43	5	10.4%	118
전남대	32	18	36.0%	136
전북대	32	18	36.0%	154
강원대	25	15	37.5%	169
제주대	19	21	52.5%	190
소계	302	190	37.9%	

2022학년도 교대 정시모집 비율

교육대	수시	정시	정시비율	정시누적
서울교대	235	160	40.5%	160
경인교대	388	271	41.1%	431
춘천교대	196	147	42.9%	578
공주교대	234	149	38.9%	727
한국교원대	391	203	34.2%	930
부산교대	232	155	40.1%	1,085
청주교대	187	125	40.1%	1,210
광주교대	235	118	33.4%	1,328
대구교대	252	169	40.1%	1,497
전주교대	127	183	59.0%	1,680
진주교대	206	140	40.5%	1,820
소계	2,683	1,820	41.0%	

2022학년도 서울 주요대학 정시모집 비율

서울 주요대	수시	정시	정시비율	정시누적
서울대	2,376	1,047	30.6%	1,047
연세대	2,140	1,635	43.3%	2,682
고려대	2,511	1,682	40.1%	4,364
서강대	1,019	696	40.6%	5,060
성균관대	2,228	1,448	39.4%	6,508
한양대	1,871	1,375	42.4%	7,883
중앙대	3,267	1,732	34.6%	9,615
경희대	3,120	2,203	41.4%	11,818
한국외대	2,090	1,537	42.4%	13,355
서울시립대	1,020	786	43.5%	14,141
이화여대	2,141	1,635	43.3%	15,776
건국대	2,037	1,359	40.0%	17,135
동국대	1,834	1,228	40.1%	18,363
홍익대	2,613	1,462	35.9%	19,825
숙명여대	1,477	939	38.9%	20,764
소계	31,744	20,764	39.8%	

앞의 표를 보면 의대 정시 비율은 40.6%이고 치대 42.6%, 약대 40.5%이다. 또한 서울대 30.6%(2023학년도부터 40%), 연세대 43.3%, 고려대 40.1%임을 보면 확실히 상위권은 정시가 늘어났다.

좀 더 자세히 보자. 의대 모집인원이 수시 1,767명+정시 1,189명=총 2,956명이다(정원 내 인원, 정원 외 인원 제외). 치대가 수시 350명+정시 268명=총 618명이다. 학부로 돌아온 약대 인원은 수시 943명+정시 727명=총 1,670명이다. 여기에 아직 수시, 정시 인원 비율을 발표하지 않은 숙명여대 80명과 목포대 30명을 더하면 1,780명이다. 수의대는 수시 302명+정시 190명=총 492명이다. 교대가 수시 2,683명+정시 1,820명=총 4,503명이다. 소위 '핫'한 의약학계열과 교대까지 전문인 양성 대학의 모집인원을 합하면 11,012명이다.

2022학년도 의약학계열 및 교대 모집인원

	수시	정시	미정	합
의대	1,767	1,189	-	2,956
치대	350	268	-	618
약대	943	727	110	1,780
한의대	385	278	-	663
수의대	302	190	-	492
교대	2,683	1,820	-	4,503
소계	6,430	4,472	110	11,012

여기에 응시 가능한 학생 수를 견주어 보자. 전국 고등학교는 약 1,700개 이상이니 고등학교 1곳당 6~7명이 진학하면 끝이다. 전국 중학교가 약 3,200개 이상임을 감안하면 중학교 1곳당 3~4명이 진학할 수 있다. 수시가 내신 위주로, 정시가 수능 위주로 모집하니 사실상 고등학교 1곳당 수시로

진학 가능한 인원은 평균 3명, 중학교 1곳에서 수시로 진학 가능한 인원은 2명이다. 안타깝지만 산술적으로는 1개 중학교에서 2명만 의약학계열이나 교대 진학이 가능하다는 결론이 내려진다. 중학교에서 의약학계열을 진학하려면 적어도 전교 5등 안에 들어야 한다. 물론 일부 명문 중학교라면 전교 10등까지도 가능할 수 있겠지만 그 이하는 거의 불가능하다.

앞의 표 중에서 의약학계열과 교대, 그리고 서울대, 연세대, 고려대만 추려본다면 서울대, 연세대, 고려대를 합한 모집인원은 22,403명이다. 의약학계열과 교대 모집인원을 합한 인원의 약 2배다. 중학생 입장에서 전교 4등까지 수시 전형으로 진학이 가능하다는 걸 알 수 있다. 이것이 대한민국 최상위 대학 입시의 실체다.

중상·중하위권 대학 모집 현황

반면 중위권이나 하위권 대학은 여전히 수시 중심이다.

2022학년도 서울 중위권 대학 정시모집 비율

서울 중위권	수시	정시	정시비율	정시누적
국민대	2,053	1,185	36.6%	1,185
숭실대	1,839	1,214	39.8%	2,399
세종대	1,675	1,013	37.7%	3,412
광운대	1,247	672	35.0%	4,084
명지대	2,055	1,004	32.8%	5,088
상명대	1,846	1,046	36.2%	6,134
성신여대	1,513	766	33.6%	6,900

덕성여대	751	451	37.5%	7,351
동덕여대	1,032	693	40.2%	8,044
서울여대	1,025	686	40.1%	8,730
서울과기대	1,434	860	37.5%	9,590
한성대	1,273	377	22.8%	9,967
서경대	902	507	36.0%	10,474
성공회대	465	75	13.9%	10,549
가톨릭대	1,154	696	37.6%	11,245
소계	20,264	11,245	34.5%	

앞서 확인한 서울 주요대 정시 비율 39.8%에 비하면 서울 중위권 대학의 정시 비율은 무려 5.3%가 감소한 34.5%이다. 확실히 정시 비율이 증가하지 않음을 알 수 있다. 실제 최상위권 대학을 제외한 나머지 대학들은 학령인구 감소의 부담에서 벗어나기 어렵다. 우수 학생 선발보다 정원을 채우는 게 더 시급하기 때문에 정시까지 기다리기보다는 최대한 수시에서 선발하려고 한다.

2022학년도 경인지역 정시모집 비율

경인	수시	정시	정시비율	정시누적
한양대(ERICA)	1,471	811	35.5%	811
아주대	1,478	685	31.7%	1,496
인하대	2,647	1,212	31.4%	2,708
한국항공대	634	300	32.1%	3,008
단국대	3,202	1,903	37.3%	4,911
인천대	1,825	921	33.5%	5,832
가천대	2,688	1,453	35.1%	7,285
경기대	2,142	1,010	32.0%	8,295
강남대	1,035	594	36.5%	8,889
용인대	980	378	27.8%	9,267
대진대	1,250	661	34.6%	9,928

평택대	577	241	29.5%	10,169
한신대	1,060	175	14.2%	10,344
신한대	1,249	486	28.0%	10,830
한국산업기술대	1,267	351	21.7%	11,181
소계	23,505	11,181	30.7%	

서울을 벗어나 경기와 인천지역 주요 대학의 정시모집 비율을 살펴보면 30.7%이다. 정시 확대는 아예 염두에 두고 있지 않다.

2022학년도 충청지역 주요대학 정시모집 비율

충청	수시	정시	정시비율	정시누적
충남대	2,559	1,264	33.1%	1,264
충북대	2,111	973	31.5%	2,237
고려대(세종)	842	613	42.1%	2,850
건국대(글로컬)	1,393	276	16.5%	3,126
한국교통대	1,652	502	23.3%	3,628
대전대	2,064	135	6.1%	3,763
공주대	2,665	481	15.3%	4,244
청주대	2,193	640	22.6%	4,884
순천향대	1,869	703	27.3%	5,587
한밭대	1,661	395	19.2%	5,982
한남대	2,497	388	13.4%	6,370
백석대	2,591	435	14.4%	6,805
배재대	2,117	50	2.3%	6,855
목원대	1,821	103	5.4%	6,958
호서대	2,586	556	17.7%	7,514
소계	30,621	7,514	19.4%	

충청지역은 정시모집 비율이 20% 아래로 떨어진다. 실제 선발 인원은 이보다 낮을 수도 있다. 대전대는 정시 비율이 6.1%에 지나지 않고 목원대는

5.4%이다. 사실상 정시는 별 의미가 없다.

2022학년도 호남·제주지역 주요대학 정시모집 비율

호남·제주	수시	정시	정시비율	정시누적
전남대	2,999	1,402	31.9%	1,402
전북대	2,826	1,398	33.1%	2,800
조선대	3,710	1,084	22.6%	3,884
원광대	3,279	458	12.3%	4,342
제주대	1,553	887	36.4%	5,229
목포대	1,521	284	15.7%	5,513
군산대	1,522	380	20.0%	5,893
목포해양대	663	81	10.9%	5,974
순천대	1,508	361	19.3%	6,335
우석대	1,783	78	4.2%	6,413
전주대	2,549	223	8.0%	6,636
광주여대	966	3	0.3%	6,639
동신대	1,626	25	1.5%	6,664
호남대	1,651	-	0.0%	6,664
호원대	1,008	162	13.8%	6,826
소계	29,164	6,826	15.3%	

2022학년도 대구·경북지역 주요대학 정시모집 비율

대구·경북	수시	정시	정시비율	정시누적
경북대	3,384	1,732	33.9%	1,732
계명대	4,022	1,017	20.2%	2,749
영남대	3,854	1,060	21.6%	3,809
대구대	4,198	491	10.5%	4,300
동국대(경주)	1,485	434	22.6%	4,734
한동대	728	55	7.0%	4,789
금오공대	941	409	30.3%	5,198
대구한의대	1,550	135	8.0%	5,333
대구가톨릭대	2,755	505	15.5%	5,838

안동대	1,357	221	14.0%	6,059
김천대	700	29	4.0%	6,088
경일대	1,703	140	7.6%	6,228
경운대	1,230	27	2.1%	6,255
위덕대	773	24	3.0%	6,279
경주대	626	178	22.1%	6,457
소계	29,306	6,457	14.8%	

2022학년도 부산·울산·경남지역 주요대학 정시모집 비율

부·울·경	수시	정시	정시비율	정시누적
부산대	3,384	1,732	33.9%	1,732
부경대	2,633	1,028	28.1%	2,760
한국해양대	1,244	308	19.8%	3,068
동아대	3,879	569	12.8%	3,637
경상대	2,535	822	24.5%	4,459
창원대	1,448	555	27.7%	5,014
울산대	2,549	412	13.9%	5,426
인제대	1,993	207	9.4%	5,633
신라대	2,178	152	6.5%	5,785
경남대	2,831	192	6.4%	5,977
영산대	1,523	83	5.2%	6,060
동의대	3,342	531	13.7%	6,591
부산외대	1,775	176	9.0%	6,767
동명대	1,914	135	6.6%	6,902
고신대	899	55	5.8%	6,957
소계	34,127	6,957	14.9%	

그나마 충청권을 벗어난 지역의 정시 비율은 15% 내외에 머물고 있다. 학령인구가 부족한 대학들이 정시까지 기다릴 이유가 없다. 상위권을 제외하고 정시가 증가했다는 말은 사실이 아니다.

- 최상위권을 일컫는 의약학계열, 교대, 서울대, 연세대, 고려대에 진학하려면 중학교에서 전교 10등은 되어야 한다.
- 최상위권은 정시가 40%로 증가했다.
- 중상·중하위권에서는 수시가 80% 이상이다.
- 목표 대학을 세우는 것보다 중학교 성적으로 내가 진학 가능한 대학의 범위를 확인하는 것이 더 중요하다.

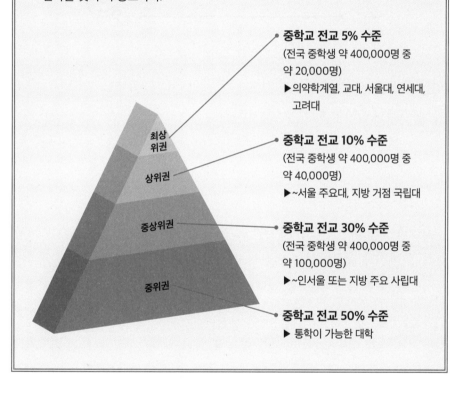

중학교 전교 5% 수준
(전국 중학생 약 400,000명 중 약 20,000명)
▶의약학계열, 교대, 서울대, 연세대, 고려대

중학교 전교 10% 수준
(전국 중학생 약 400,000명 중 약 40,000명)
▶~서울 주요대, 지방 거점 국립대

중학교 전교 30% 수준
(전국 중학생 약 400,000명 중 약 100,000명)
▶~인서울 또는 지방 주요 사립대

중학교 전교 50% 수준
▶ 통학이 가능한 대학

최상위권

상위권

중상위권

중위권

대학 계열에 따른 입시 전형 분석

2015년 개정 교육과정에 따르면 문·이과는 통합되었고 대학의 계열도 없어졌다. 하지만 대학에서는 여전히 이공계열 학생들에게 수능 응시 과목에서 <미적분> 또는 <기하>를 선택하도록 한다. 고등학교에서도 학교 운영의 편의를 위해 여전히 고1 여름 방학에 문·이과 조사를 하고 고2부터는 문과반과 이과반을 별도로 운영한다. 사실상 계열 통합은 먼 얘기다. 대학들이 계열마다 요구하는 사항이 다르기 때문이다. 그래서 전공 계열을 이해하는 것은 대학 입시에서 중요하다.

전공 계열은 크게 5가지로 구분한다. 의약학계열, 이공계열, 상경·사회계열, 인문계열, 예·체능계열이다. 여기서는 예·체능계열은 다루지 않고 나머지 4개의 계열을 구체적으로 살펴보겠다.

대학의 전공 계열

인문계열	사회계열	교육계열	공학계열	자연계열	의약계열	예체능계열
중분류 2	3	5	11	4	4	6
소분류 20	16	10	28	19	8	20
언어·문학 1. 언어학 2. 국어·국문학 3. 일본어·문학 4. 중국어·문학 5. 기타아시아어·문학 6. 영미어·문학 7. 독일어·문학 8. 러시아어·문학 9. 스페인어·문학 10. 프랑스어·문학 11. 기타유럽어·문학 12. 교양어·문학	경영·경제 1. 경영학 2. 경제학 3. 관광학 4. 광고·홍보학 5. 금융·회계·세무학 6. 무역·유통학 7. 교양경상학 법률 - 법학	교육일반 - 교육학 유아교육 - 유아교육학 특수교육 - 특수교육학 초등교육 - 초등교육학	건축 1. 건축·설비공학 2. 건축학 3. 조경학 토목·도시 1. 토목공학 2. 도시공학 교통·운송 1. 지상교통공학 2. 항공학 3. 해양공학 기계·금속 1. 기계공학 2. 금속공학 3. 자동차공학 전기·전자 1. 전기공학 2. 전자공학 3. 제어계측공학 정밀·에너지 1. 광학공학 2. 에너지공학	농림·수산 1. 농업학 2. 수산학 3. 삼림·원예학 생물·화학·환경 1. 생명과학 2. 생물학 3. 동물·수의학 4. 자원학 5. 화학 6. 환경학	의료 1. 의학 2. 치의학 3. 한의학 간호 - 간호학	디자인 1. 디자인일반 2. 산업디자인 3. 시각디자인 4. 패션디자인 5. 기타디자인 응용예술 1. 공예 2. 사진·만화 3. 영상·예술 무용·체육 1. 무용 2. 체육
인문과학 1. 문헌정보학 2. 문화·민속·미술사학 3. 심리학 4. 역사·고고학 5. 종교학 6. 국제지역학 7. 철학·윤리학 8. 교양인문학	사회과학 1. 가족·사회·복지학 2. 국제학 3. 도시·지역학 4. 사회학 5. 언론·방송·매체학 6. 정치외교학 7. 행정학 8. 교양사회과학	중등교육 1. 언어교육 2. 인문교육 3. 사회교육 4. 공학교육 5. 자연계교육 6. 예체능교육	소재·재료 1. 반도체·세라믹공학 2. 섬유공학 3. 신소재공학 4. 재료공학 컴퓨터·통신 1. 전산학·컴퓨터공학 2. 응용소프트웨어공학 3. 정보·통신공학 산업 - 산업공학 화공 - 화학공학 기타 1. 기전공학 2. 응용공학 3. 교양공학	생활과학 1. 가정관리학 2. 식품영양학 3. 의류·의상학 4. 교양생활과학 수학·물리·천문·지리 1. 수학 2. 통계학 3. 물리·과학 4. 천문·기상학 5. 지구·지리학 6. 교양자연과학	약학 - 약학 치료·보건 1. 보건학 2. 재활학 3. 의료공학	미술·조형 1. 순수미술 2. 응용미술 3. 조형 연극·영화 - 연극·영화 음악 1. 음악학 2. 국악 3. 기악 4. 성악 5. 작곡 6. 기타음악

의약학계열

　의약학계열은 선호도가 가장 높은 계열이다. 졸업하면서 전문 자격증을 따게 되니 입학 경쟁이 치열하다. 의약학계열에는 의대, 치대, 약대, 한의대, 수의대가 있고, 4년제가 아닌 6년제로 운영하고 있다. 졸업과 동시에 자격증이 저절로 주어지는 것은 아니지만 자격증 취득률이 워낙 높고 졸업을 하지 않으면 자격증에 응시할 기회도 없어서 매우 배타적인 성격을 갖는다. 이공계열과 비교하자면, 교육과정 선택 시 <물리>가 필수선택이 아니고 <생물>이나 <화학>을 선택하는 경우가 많다. <수학>은 이공계열과 큰 차이를 보이지는 않는다. 일반적으로 <수학Ⅰ>, <수학Ⅱ>, <확률과 통계>, <미적분>, <기하>를 이수한다. 의대에 입학하면 영어 활용이 필수이기 때문에 영어 성적에 대한 민감도는 이공계열보다 높다. 정시에 도전하는 경우 이공계열과 뚜렷한 구분은 없다. <국어>, <수학>, <과학탐구>는 점수로 반영되고 <영어>는 등급별로 감점하는 방식이 적용된다.

　의약학계열과 이공계열의 가장 다른 점은 수시모집 방식에 있다. 의약학계열은 이공계열에 비해 교과전형의 비율이 확연히 높다. 의약학계열 중 사회배려나 특기전형 등을 모두 제외하고 수시에서 학생부교과전형(이하 교과전형)과 학종, 논술전형에 정시모집 인원을 합하면 전체 모집인원이 6,018명이다. 이 중 교과전형 성격(학교장추천+교과전형)의 모집 인원은 무려 30.4%인 1,832명이나 된다. 학종이 24.3%인 1,463명인 것과 비교하면 교과전형의 비중이 훨씬 높다는 것을 알 수 있다. 반면 이공계열의 경우 SKY 모집인원에서 교과와 학종, 논술에다 정시를 합하면 4,727명이다. 이 중 교과전형이 21%인 979명이고, 학종은 40%인 1,883명이다. 이공계열에 비해 의약학계열의 교과전형 비율이 압도적으로 높다. 교과전형은 학종과 달리 내신 등급만 반영한다. 따라서, 의약학계열을 목표에 둔 중학생이라면 수시전형을 위해 내신 등급을 확보할 수 있는 고등학교에 진학하는 것이 유리하다. 학종을 염두에 두고 의약학계열을 준비하는 것은 잘못된 선택이다.

이공계열

이공계열은 이과대학 혹은 자연과학대학과 공과대학을 포괄해서 통칭하는 개념이다. 일반적으로 자연과학대학에는 수학과, 물리학과, 화학과, 지구과학과 등이 포함된다. 더 나아가 천문학과, 대기화학과, 환경과학과 등 세부전공도 있다. 그밖에 의류학과나 식품영향학과, 농과대학이나 교육학과와 같은 소그룹도 존재한다.

자연과학대학에서 인기가 가장 높은 학과는 수학과이고 경쟁이 치열한 건 생명과학과다. 인기보다 경쟁이 치열하다는 의미는 막연하게 이과를 선택했는데 물리에 자신이 없거나 의대 진학을 목표로 준비하다 성적이 부족해서 어쩔 수 없이 생명과학과를 선택하는 경우가 많다는 뜻이다. 한동안 약학전문대학원을 노리고 생명과학과에 진학하는 경우도 많았으나 이제는 약대가 학부로 전환되어 그런 사례는 거의 없어졌다.

공과대학은 매우 다양한 학과로 구성된다. 전통적인 기계공학과나 화학공학과, 전기공학과는 여전히 인기가 높다. 최근 컴퓨터 관련 학과의 관심이 높아지면서 커트라인도 상승 중이다. 4차산업과 인공지능이 대두되면서 컴퓨터공학과은 거의 모든 대학에서 상한가를 치고 있다. 소프트웨어, IT 관련 학과도 인기다. 컴퓨터 보안이나 반도체 관련 학과도 특성화 학과로 지정되면서 정원도 증가하고 관심이 높아지고 있다. 고려대 사이버국방학과는 고려대에서 의대 다음으로 커트라인이 가장 높은 학과다. 2021학년도 입시에서 처음으로 모집하는 고려대 반도체공학과나 연세대 시스템반도체공학과도 핫한 학과로 자리잡을 가능성이 크다.

입시의 관점으로 보면 자연과학대학은 전공 과목의 고교 성적이 결정적으로 작용한다. 수학과는 <수학>, 물리학과는 <물리>, 생명과학과는 <생명과학>의 성적이 좋아야 한다. 이런 점을 고려해서 수시모집에서는 교과전형보다는 학종으로 선발하는 경우가 많다. 공과대학도 학과의 특성에 따라 중요한 과목들이 존재한다. <수학>은 기본이고, 기계, 전기, 화학공학 분야에서는 <물리>와 <화학> 성적이 중요하고, 컴퓨터 관련 학과에서는 <물리>와 <생명과학>을 중요하게 본다. 그래서 이공계열은 의약학계열과 달리 학종을 선호하고 실제로 학종 선발 비율이 의대보다 높다.

이공계열 진학이 목표라면 영재학교, 과학고, 과학중점과정 일반고 등에 진학하는 것이 유리하다. 어설프게 의대와 이공계열을 동시에 노린다는 전략은 바람직하지 않다. '이과'라는 모호한 태도를 버리고 확실한 '이공계열'이나 '미정' 둘 중에 선택해야 한다. 이공계열이면 과학 관련 고등학교나 과학중점과정 준비가 필요하고, 그게 아니라면 일반 과정을 선택하는 것이 낫다. 이공계열이 명확한 학생은 학종 준비가 유리하다. 반면 이공계열 지향이 불분명한 학생은 교과전형과 학종, 정시를 동시에 노리는 것이 유리하다.

상경 및 사회과학계열

문과에서 상경계열이나 일부 사회과학계열은 <수학>의 비중이 가장 높은 계열이다. 특히 경영이나 경제 관련 학과에서는 <수학> 성적을 중요하게 본다. 문과 중에 논술에서도 수리논술을 포함해서 보는 경우가 많다. 교과 선택할 때 <경제수학>을 수강하는 것이 좋다. 나머지는 크게 다르지 않다. 상경계열에서는 요즘 금융 관련 학과를 신설하거나 비중을 높이는 경향이 강하다. 파이낸스, 금융, 융합 등의 명칭이 붙은 학과들이 대표적이다. 사회과학계열에는 전통적인 학과로 정치외교, 신문방송(미디어), 행정학, 사회학 등이 여전히 인기가 높다.

인문계열

인문계열은 어학과 인문학으로 나뉜다. 어학 관련 학과는 외국어고 학생들이 두각을 나타내고 있다. 인문학은 사학, 철학, 언어학 등이 있다. 수시에는 외국어고 학생들이 많이 지원하는 편이다. 전통적으로 비인기학과라는 오명을 달고 있으나 문과 학생들의 경우 복수전공이나 이중전공 등을 통해 다른 전공과 함께 공부하기 쉽다는 장점 때문에 학과에 대한 명확한 지향 없이 대학 중심으로 진학하려는 학생들이 여전히 많이 지원하기도 한다. 교육 관련 학과도 주로 인문계열에 속해 있는 편이다.

주목할 점은 전공에 대한 목표의식이 있다면 학종에서 매우 유리하다는 것이다. 상경계열에 비해 인문계열에서는 전공 의지가 명확한 경우가 많지 않기 때문에 상대적으로 돋보일 수 있다.

웅쌤의 핫클립

- 의약학계열은 '교과' 위주로 선발하고 이공계열은 '학종' 위주로 선발한다.
- 이공계열 진학이 목표라면 영재학교, 과학고, 과학중점과정 일반고 등에 진학하는 것이 유리하다.
- 의대와 이공계열은 입시 준비에서 양립할 수 없으므로 반드시 택일해야 한다.
- 인문계열에 목표가 확실하다면 학종에서 매우 유리하다.

04

대학 입시의 1차 관문은 고교 선택

대학의 전공 계열에 따라 선발 전형이 제각각임을 알았다. 그렇다면 모든 고등학교에서 다양한 대입 전형을 맞춤형으로 학생들에게 제공해 줄까? 그렇지 않다. 중학생 시기가 중요한 이유는 바로 고등학교의 유형에 따라 대학 입시에 유불리가 존재하기 때문이다. 고등학교 선택이야말로 본격적인 대학 입시의 1차 관문을 지나는 것이라 할 수 있다. 대학과 고등학교의 최적화 세팅은 두 가지로 접근할 수 있다. 첫째는 원하는 대학과 학과를 설정한 뒤 그에 따른 대입 전형 방식에 가장 유리한 고등학교를 찾는 것이다. 둘째는 현재의 중학교 성적을 바탕으로 고등학교 때의 나의 위치를 예측한 뒤 그에 맞는 대학 및 학과의 입시 전형을 찾아가는 것이다. 전자든 후자든 고등학교의 유형을 먼저 파악하는 것이 필요하다.

교육부에서는 고등학교 유형을 일반고, 특성화고, 특목고, 자율고로 구분한다. 일반고는 잘 알고 있으니 나머지를 이해하면 쉽게 정리될 것이다. 특성화고는 대입과 관계가 없으니 제외한다.

고등학교 유형별 학교 및 학생 수

(2019.4.1. 교육통계자료)

구분	전체	일반	특성화	특수목적고	자율고	
					자공고	자사고
학교수(교)	2,356	1,555	490	157	112	42
학급수(개)	57,654	39,694	10,804	2,857	3,005	1,294
학생수(명)	1,411,027	1,001,756	230,196	65,146	75,093	38,836
비율(%)	-	71.0	16.3	4.6	5.3	2.8

*폐교(4개교)제외

구분	외국어고	국제고	과학고 (영재학교 8교 포함)	예술고	체육고	마이스터고
학교수(교)	30	7	28	29	16	47
학급수(개)	720	135	418	506	135	943
학생수(명)	17,036	3,173	6,911	16,443	3,829	17,754
비율(%)	1.2	0.2	0.05	1.2	0.03	1.3

고등학교 유형별 분석

① 외국어고, 과학고로 빛나는 특목고

중학생과 학부모들이 열광하는 특목고에 대해 알아보자. 특목고는 그야말로 '특수한 목적'이 있어서 만들어진 고등학교로, 특성화고와는 다르다. 제일 먼저 생긴 특목고는 체육고와 예술고다. 당연히 체육과 미술, 음악을 위주로 배운다. 다음으로 외국어고(이하 외고)와 과학고가 생겼다. 88년 서울 올림픽에 대비한 통역사 육성을 위해 각종학교[1]로 설립되었다가 1992년 정식으로 인가받아 특목고가 된다. 목적은 역시 국제화 시대에 맞는 외국어 교육이라는 특수한 목적이다. 그리고 과학고가 '이공계 인재 양성'이라는 특수 목적으로 설립된다. 외고와 과학고는 교육과정 중에 50%가 외국어나 과학 과목으로 편성되어 있다.

1990년대부터 2010년대까지는 외고의 전성기였다. 본래 설립 취지에 맞지 않게 입시 학원처럼 운영되면서 외국어 교육보다는 입시 교육에 치우쳐 여론의 지탄을 받았다. 결국 외고는 인원도 축소되면서 문과만 운영해야 했고 선발 시험을 볼 수 없게 되었다. 그러다 2010년 이후 의대 열풍과 함께 이과 선호도가 높아지고 문과의 인기가 떨어지면서 외고는 경쟁률이 낮아지게 되었다. 그리고 외고에 입학해서는 대입 수시전형으로는 상경계열이나 사회과학계열 진학하기 어렵게 제동이 걸렸다. 점점 원래 설립 취지에 맞게 외국어를 공부하고자 하는 학생들이 주로 진학하는 특수 목적이 실현되어 가는 것이다. 외고에 진학하면 '교과는 불리, 학종은 어학이나 인문대학에 유리, 정시는 개인 역량 발휘'라는 공식이 뒤따르게 되었다.

1987년 과학고가 처음 생겼을 때에는 그야말로 이과 최상위권의 전유물이었고 이어서 카이스트에 진학하는 것이 최고의 스펙이었다. 포항공대(포스텍)와 카이스트 선호도가 서울대보다도 높은 시절이었다. 하지만 어느 순간

---

1. 각종학교 : 정규 학교로서 인가를 받지 못하였으나, 일반 정규 교육기관과 유사한 교육을 실시하고 있는 학교.

서울대로 쏠림이 나타나기 시작했다. 그리고 지자체 선거가 있을 때마다 과학고가 하나씩 생기더니 현재 영재학교를 포함해서 28개가 되었다. 너무 많아졌다. 수준 미달의 학생들이 진학하는 경우도 생기고 사교육의 개입이 과도해지면서 과목 간 불균형이 심한 학생들이 양산되었다. 서울대, 카이스트 입학 정원은 그대로인데 과학고가 너무 늘다 보니 과학고에서 명문대에 진학하지 못하는 학생들도 생겨났다. 하지만 여전히 과학고는 특수 목적 대학들과 연계하면서 대한민국의 미래를 책임질 인재들의 실력을 키우고 있다.[2]

② 특목고는 입시 준비보다 입학 후를 대비한 공부가 필요

고등학교 입시가 '자기주도학습전형'으로 전환되면서 특목고 입시나 자사고 입시라는 말은 어째 좀 어색하다. 사실 입시를 위해 준비할 것이 별로 없다. 외고나 자사고는 중학교 학생부로 진학하기 때문에 면접이나 서류 준비 정도가 입시 준비의 전부다. 경쟁률도 높지 않아서 특별히 입시라고 할 것도 없다.

---

2. 교육부는 지속적으로 특목고가 특수 목적에 맞게 운영되도록 제도를 손보고 있다. 그 일환으로 가장 최근에 생긴 특목고가 마이스터고등학교다. 특성화고 중에 엄선해서 특목고로 지정하고 특별 관리하고 있다. 아직 시행 초기라 시행착오가 있기도 하다. 대표적인 마이스터고로 공군항공과학고등학교가 있다. 졸업 후 하사관으로 임관해서 군복무를 하게 된다. 공군 항공기 정비를 담당하며 월급도 받는다. 취업은 보장된다. 제대하고 취업 후 대학에 진학하는 것도 가능하다. 이런 마이스터고는 현재 40개가 지정되어 있다.

2021학년도 전국 외고 일반전형 경쟁률

학교	경쟁률	모집인원	지원자
대원외고	1.25	200	249
한영외고	1.18	200	236
대일외고	1.34	200	267
명덕외고	1.5	200	300
이화외고	1.09	120	131
서울외고	1.07	200	214
성남외고	1.2	160	192
고양외고	1.05	200	209
수원외고	1.21	160	194
안양외고	0.92	200	184
경기외고	1.26	160	202
과천외고	0.93	189	176
동두천외고	0.91	160	145
김포외고	1.03	160	165
인천외고	0.93	180	167
미추홀외고	1.52	153	232
대전외고	1.32	200	263
충남외고	1.2	108	130
청주외고	1.06	140	148
전북외고	0.94	128	120
전남외고	1.0	100	100
강원외고	1.08	97	105
제주외고	1.03	80	82
대구외고	0.94	96	90
경북외고	0.86	100	86
부산외고	1.34	200	267
부일외고	0.9	160	144
경남외고	0.93	160	149
울산외고	1.14	140	159
김해외고	1.48	100	148
부산국제외고	일반고 전환		
소계	1.13	4,651	5,254

전국 외고 경쟁률을 보면 입시를 준비할 이유는 없다. 쓸데없이 외고 입시 준비를 위해 학원을 다니거나 자소서와 서류 준비로 시간과 돈을 낭비할 필요가 없다. 차라리 외고에 진학하고자 한다면 입시 준비가 아니라 전공어(제2외국어) 공부에 주력하는 편이 낫다. 외고 1학년 교육과정을 보면 일반고와 거의 차이가 없고 전공어(제2외국어) 관련 과목의 단위수가 무려 6단위를 차지하기 때문에 고1 내신을 위한 전공어(제2외국어) 공부가 답이다. 어차피 문과 지향 학생들 간의 경쟁이니 수학도 과도한 선행은 불필요하다. 영어 공부를 제외하고는 비인기 통합과학이나 전공어(제2외국어) 공부로 내신 관리하는 것이 핵심이다.

과학고도 외고와 비슷하다. 과학고 준비를 한다면 면접 이외의 입시 절차가 없기 때문에 입시 준비보다는 사실 과학고 입학 후 1학년 내신을 대비하는 것이 현명하다. 한 가지 고려할 것은 외고에 비해 과학고 불합격 가능성이 더 높기 때문에 혹시 과학고 불합격에 대비해서 국어나 영어 공부도 게을리해서는 안 된다. 결론적으로 과학고 준비생을 위한 가장 현명한 공부는 일반고와 과학고가 겹치는 고1 내신 선행 학습 정도를 하면서 과학고 합불 결과를 기다리다가 합격하면 과학고 내신 본격 준비를 하면 된다. 불합격하면 바로 일반고 내신 준비에 몰두하면 된다.

③ 효용성이 낮아지는 자사고

2021학년도 전국단위 자사고 경쟁률

학교	경쟁률	모집인원	지원자
외대부고(전국)	2.43	196	476
민사고(전국)	1.91	160	305

하나고(서울)	1.99	160	305
상산고(전국, 남)	1.67	173	289
상산고(전국, 여)	2.74	86	236
현대청운(전국)	1.82	168	306
인천하늘(전국)	3.68	25	92
포항제철고(전국)	1.53	90	138
광양제철고(전국)	1.28	60	77
김천고(전국)	1.4	96	134
북일고(전국)	1.14	138	158
소계	1.96	1,352	2,516

전국단위 자율형 사립고(이하 자사고)[3]의 경우 전체 경쟁률이 1.96 : 1 로 낮은 편이다. 그냥 원서 접수해서 합격하면 좋고 떨어지면 일반고 진학을 준비하는 것이 현명한 선택이다. 자사고와 일반고의 고1 교육 과정은 거의 같기 때문에 입시 준비보다는 고1 내신에서 좋은 성적을 받기 위한 준비를 하다가 혹시 합격하지 못하더라도 일반고에 진학해서 고1 내신을 잘 받는 것이 더 이득이 크다. 2025년 자사고 폐지가 언급된 마당에 자사고의 경쟁률이 올라갈 가능성은 크지 않다. 그리고 학종이 축소되고 교과전형과 정시가 증가한 상황에서 학종에 유리하게 설계된 자사고의 대학 입시적 효용성은 낮아지고 있다.

---

3. 자율형 사립고등학교는 학교의 건학이념에 따라 교육과정 및 학사운영 등을 자율적으로 운영할 수 있도록 지정·고시된 고등학교다.

2021학년도 서울지역 광역 자사고 경쟁률

학교	경쟁률	모집인원	지원자
휘문고	1.33	372	495
중동고	1.09	327	358
현대고	1.13	336	382
세화고	1.21	336	408
세화여고	1.1	331	364
한가람고	1.61	168	272
양정고	1.59	318	506
보인고	1.28	333	425
선덕고	0.96	336	322
이대부고	1.0	336	336
배재고	1.41	336	473
이화여고	1.47	336	493
한대부고	0.87	308	268
신일고	1.0	299	298
중앙고	0.99	262	259
대광고	0.86	249	215
경희고	0.82	216	178
숭문고	0.59	224	132
장훈고	0.56	238	133
동성고	0.55	219	120
경문고	2020 일반고 전환	-	-
대성고	2019 일반고 전환	-	-
소계	1.09	5,880	6,437

서울지역의 광역단위 자사고도 경쟁률이 떨어진 건 마찬가지다. 학종이 감소함에 따라 학종을 강조하던 자사고의 효용성이 낮아지면서 굳이 일반고의 3배에 달하는 등록금을 내고 자사고에 진학할 메리트가 없어진 것이다. 일부 강남이나 양천지역 자사고를 선호하는 경우는 상대적으로 학생 수가 많기 때문에 내신에 유리하다는 계산이 작용해서다. 휘문고의 경우 이과생이

압도적으로 많아서 이과 남학생의 선호도가 높다. 또 이과를 지향하는 여학생들 중에 일반 여고에서 이과 인원이 너무 적어서 고민하다 이과가 많은 자사고에 지원하는 경우도 있다. 이런 필요 사례가 간혹 있다 할지라도 자사고 입시를 위해 준비할 것은 없다. 그냥 원서 내고 고1 내신을 준비하면 된다.

④ 유일하게 고입 준비가 필요한 영재학교

영재학교는 영재학생만을 선발한 학교로, 졸업 후 해당 과정과 동등한 과정의 학력으로 인정하기 때문에 법적으로 고등학교는 아니다. 이 부분이 과학고와의 가장 큰 차이다. 유일하게 고등학교 입시라고 할 수 있는 것은 영재학교 뿐이다. 사실 과학고 입시도 1순위로 영재학교를 준비하다 떨어지면 차선으로 지원하는 게 수순일 정도이다. 영재학교 입시는 준비 기간도 길고 준비할 것도 많다. 그래서 명확히 이공계열로 진로를 잡은 중학교 내신 최상위권 학생 정도가 준비하면 된다. 영재학교 입시는 이제 1개 학교만 지원할 수 있다. 또한 지역인재전형이 확대 적용되면서 2차 필기시험의 비중은 낮아질 것이다. 하지만 이공계 진로가 명확한 이과 최상위권 학생은 여전히 도전해 볼 가치가 있다. 혹시 영재학교 준비를 하다가 불합격하더라도 과학고에 진학하거나 과학중점학교에 진학하면 내신에도 문제는 없다. 하지만 영재학교 불합격하고 갑자기 의대에 진학하겠다고 나서는 것은 좀 곤란하다. 의대 진학을 위해서는 과학고나 과학중점학교보다는 일반고에 진학해야 하는데 1학년부터 국어나 영어, 사회, 한국사 등 전혀 준비하지 않았던 과목에서 좋은 내신을 받기에는 무리가 따른다. 그러면 정시로 의대에 진학해야 하는데, 애초에 영재학교를 준비하지 않았던 학생들에 비해 상대적으로 불리해진다. 따라서 이공계열이냐 의약학계열이냐는 중2 때 명확히 결정할 필요가 있다.

그리고 2022년부터는 영재학교 입시 준비도 과도하게 할 필요가 없다. 이제 한 군데만 지원이 가능하므로 경쟁률은 대폭 낮아질 것이다. 2021학년도 2단계 지필평가 경쟁률과 실질 경쟁률을 참고해 보자. 2022학년도 서류 경쟁률이 이와 비슷할 것이다. 실질 경쟁률은 2차 지필평가에서 2배수를 선발하기 때문에 3단계 면접을 볼 기회를 갖게 되는 경쟁률을 의미한다.

2021학년도 영재학교 2단계 지필평가 경쟁률 및 2단계 면접 자격 획득 실질 경쟁률

학교	2단계 경쟁률	모집인원	지원자	실질 경쟁률
서울과학고	4.03	120	484	2.42
경기과학고	2.48	120	298	1.66
한국과학영재	2.21	120	441	2.21
대전과학고	5.36	90	482	3.57
대구과학고	6.62	90	596	3.31
광주과학고	5.24	90	472	3.15
세종과학예술영재	5.89	84	495	2.95
인천과학예술영재	6.01	75	451	3.01
소계	4.71	789	3,719	2.73

영재학교를 준비한다면 합격을 위한 준비는 좀 줄이고 합격 후 고1 내신에 대비하거나 영재학교 불합격 후 일반고 진학을 위한 국어, 영어 균형 학습에 시간을 투자하는 것이 합리적이다. 학원들이 강제하는 아동학대(?) 수준의 입시 준비는 그만두자. 일부 학생을 제외하고 중학교 2~3학년의 과잉 학습은 반드시 고2, 고3에서 부작용을 보이게 되어 있다.

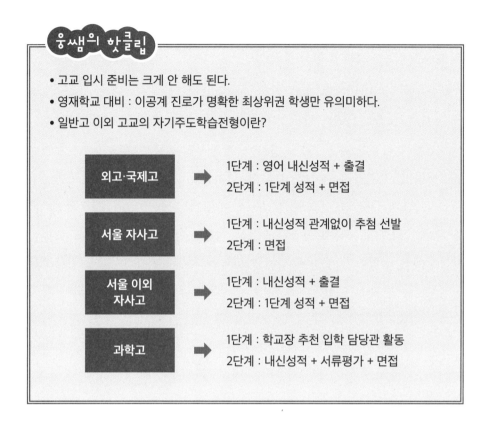

웅쌤의 핫클립

- 고교 입시 준비는 크게 안 해도 된다.
- 영재학교 대비 : 이공계 진로가 명확한 최상위권 학생만 유의미하다.
- 일반고 이외 고교의 자기주도학습전형이란?

외고·국제고	→	1단계 : 영어 내신성적 + 출결 2단계 : 1단계 성적 + 면접
서울 자사고	→	1단계 : 내신성적 관계없이 추첨 선발 2단계 : 면접
서울 이외 자사고	→	1단계 : 내신성적 + 출결 2단계 : 1단계 성적 + 면접
과학고	→	1단계 : 학교장 추천 입학 담당관 활동 2단계 : 내신성적 + 서류평가 + 면접

고교 선택 공식

대학에 가는 방법은 크게 두 가지다. 수시모집 아니면 정시모집. 수시에는 내신 '평균등급'만 반영하는 '교과전형'과 비교과도 반영하는 '학종' 두 가지가 있다. 그래서 반드시 고교 선택을 하면서 내가 이 고등학교를 선택하면 어느 전형에 유리하고 어느 전형에 불리한지를 확인하고 결정해야 한다.

① 민족사관고, 하나고(국제학교 성격의 전국 자사고)

⇨ 학종 유리😊, 교과 & 정시 불리😟

　민족사관고등학교(이하 민사고)를 선택한다면 학종에 유리하고 교과전형과 정시에 불리한 선택을 하는 것이다. 그런데 대부분의 중학생과 학부모는 민사고를 선택하면 학종, 교과, 정시에 모두 유리할 거라(혹은 이 중 교과만 불리하다고) 생각한다. 심각한 오류다. 민사고는 교육과정 자체가 AP[4] 중심으로 운영된다. 수능과 전혀 관계없는 과목을 배우는 것이다. 학교 프로그램도 유형 학습이나 숙달이 필요한 수능과 상관없이 운영된다. 강원도에 있는 기숙사에서 생활하기 때문에 수능 사교육을 활용하기도 어렵다. 민사고를 선택하려는 중학생은 명심해야 한다. 민사고에 진학하는 순간 대학에 학종으로 진학해야만 한다. 다른 길은 없다.

　하나고도 AP 위주로 운영되는 학교다. 수능 사교육을 활용하기도 쉽지 않다. 대신 확실하게 학종으로 서울대에 많이 합격한다. 최근 몇 년간 평균 50명 정도 합격했으니 전교 40등 정도면 서울대 학종 합격 안정권이다. 하나고 진학을 고민하는 중학생은 어떻게 합격할 것인가보다는 내가 하나고에 진학해서 전교 몇 등 정도가 될지를 예측하는 것이 더 중요하다.

② 영재학교, 과학고

⇨ 학종 유리😊, 교과 불리 & 정시 매우 불리😵

　영재학교나 과학고에 진학하는 경우의 유불리는 어떨까? 교과와 정시는

---

4. AP(advanced placement) : 미국에서 고등학생이 대학 진학 전에 대학 인정 학점을 취득할 수 있는 고급 학습 과정.

불리하고 학종에 확실히 유리하다. 대학교 선행 학습이 교육과정이기 때문에 일반고 고2 과정으로 구성된 수능 시험과는 맞지 않다. 아예 수능 날 기숙사에서 지내게 될 것이다. 영재학교나 과학고로 진로를 선택한 중학생은 명심해야 한다. 원하는 대학에 가려면 반드시 학종으로 합격해야 한다. 학종에서 가장 중요한 것은 내신 성적이다. 일반적으로 영재학교는 30~50명 정도 서울대에 합격하고 나머지 대부분은 특수 목적 대학에 진학한다. 과학고는 영재학교보다 진학률이 떨어진다. 세종과학고나 한성과학고는 서울대에 약 20명 진학하고 나머지 대학에 10명 내외로 진학한다. 그리고 과학고의 50% 정도는 카이스트나 특수 목적 대학으로 진학이 확실하다. 일부 내신 하위권 학생들이 서강대·성균관대·한양대나 경희대·아주대를 가기도 하지만 이공계열로 진학한다면 큰 문제는 없다.

이상 언급한 고등학교는 정시와 인연이 없는 고등학교들이다. 매우 기본 중의 기본인 정보다. 이를 인지하지 못하고 고교 선택을 한다면 당장 1학기 만에 후회할 것이다.

③ 전국단위 자사고
➡ 학종 유리 😄, 교과 불리 😫, 정시 개인 역량 😐

외대부고나 상산고와 같은 전국단위 자사고를 선택한다면 교과, 학종, 정시에서 유불리는 어떻게 될까? 당연히 교과는 불리하고 학종은 유리하다. 그렇다면 정시는 어떨까? 정시에 유불리는 없다. 정시는 그냥 개인 역량이다. 어떤 이는 자사고가 내신을 수능형으로 출제해서 정시 준비에 유리하다고 설레발을 치기도 한다. 사실이 아니다. 고3 과목은 애초에 수능 과목이 아니다. 수능 과목 대부분은 고2 때 배운다. 그러니 수능에 볼 과목이 아닌 것을 아무리 수능형으로 수업하고 시험을 본다 한들 도움이 될 리 없다. 사실 자사고 상위권 수준의 학생들에게 수능은 몰라서 틀리는 고난이도 시험이 아니다. 제한 시간 안에 실수 없이 완벽하게 풀도록 숙달하는 게 중요하다. 정말 개인 역량이 중요하지 학교의 도움은 영향을 미치지 않는다. 학교는 오히려 야간자율학습이나 방과후 프로그램 등으로 학생에게 부담을 주지만 않으면 된다.

④ 광역 자사고, 비평준 명문고
⇨ 학종 유리😊, 교과 불리😣, 정시 개인 역량😐

지역에 있는 명문 광역 자사고나 비평준 명문 일반고에 진학한다면 교과, 학종, 수능에서 유불리는 어떻게 될까? 학종 유리, 교과 불리, 정시는 개인 역량이다. 예외적으로 휘문고는 정시도 유리하다. 이유는 수능 사교육을 시간 낭비 없이 활용할 수 있기 때문이다. 교문을 나서면 수능 사교육 일타 강사들이 즐비하다. 학원들은 저마다 수능 잘 보는 비법들로 무장하고 있다. 시간 관리도 완벽하게 해 준다. 모의고사도 마음껏 풀어 볼 수 있다. 부족한 점이 있으면 과외를 하면 된다. 학교가 무리하게 야간자율학습이나 방과후 프로그램을 강요하지 않는다. 보고서, 수행평가 등을 과도하게 운영해서 수능 준비할 시간을 빼앗지도 않는다. 강남 학생들이 정시에 강한 이유다.

학종 중심으로 운영되는 수시 중심 자사고를 선택하면 교과 불리, 학종 유리, 정시 불리가 된다. 학생이 고1부터 학종 마인드[5]에 세뇌 당해서 학종에

---

5. 학종 마인드 : 학교가 '학종으로 대학에 가도록 책임질테니 다양한 활동 위주로 시키는 대로 하기만 하면 된다'는 식으

대비하느라 수능 공부 시간을 확보하지 못할 가능성이 크다. 학종이 전성기를 구가할 당시에는 옳은 전략이지만 교과와 정시가 늘어나고 학종이 축소된 지금의 상황에선 올바른 전략이라 볼 수 없다. 다시 강조하지만 고등학교에 진학하면 한 학기 내신 성적이 나올 때마다 현재 성적으로 수시에 어느 대학, 어느 학과에 합격할 수 있는지 추정해 보고 다음 학기 학습 방향을 결정해야 한다.

⑤ 학생 수가 적은 지방 일반고
⇨ 학종 유불리 없음☺, 교과 불리☹, 정시 개인 역량☺

지방에 있는 학생 수가 적은 일반고를 선택할 수밖에 없다면 교과, 학종, 정시의 유불리는 어떻게 될까? 교과는 학생 수가 적어서 평균 등급이 나쁘게 나올 가능성이 크다. 그래서 학교장추천 전형을 적극적으로 활용해야 한다. 학종은 그 지역의 국립대나 사립대에 진학하는 데는 유리하지만 서울 중상위권 이상을 노릴 경우 불리하게 작용할 수 있다. 역시 학교장추천을 활용하는 게 답이다. 학교장추천 전형도 모집 인원이 늘었다. 정시는 역시 개인 역량이라고 할 수밖에 없다. 인터넷 강의(인강)를 최대한 활용하는 방법 외에는 없다. 가능하면 전교 석차를 잘 받아서 학교장추천으로 진학하는 것이 가장 효율적이다.

로 학종만이 대입인 것처럼 강요하는 행태나 사고방식을 말한다. 이런 세뇌를 당하게 되면 수능 준비를 게을리해서 정시로 대학에 진학하는 길이 봉쇄되기도 한다.

⑥ 학생 수가 많은 지방 일반고
⇨ 학종 인서울 불리☹, 교과 유리😊, 정시 개인 역량😐

　예를 들어 학생 수가 많은 수원에 사는 중학생이 집 근처 일반고를 선택한다면 '교과 유리, 학종 인서울 불리, 경희대·아주대 유리, 정시 개인 역량'이라고 생각하는 것이 현명하다. 수원지역이 전국에서 일반고 학교당 학생 수가 가장 많다. 즉 1등급 인원이 가장 많다는 얘기고, 등급 따기에 유리한 조건이다. SKY나 서성한 수준의 학종은 아무래도 불리할 수 있지만, 아주대나 경희대 등 수원지역 명문 사립대에 진학하기에 결코 불리하지 않다. 고1 내신에서 확실하게 전교 석차를 높여야 한다. 교과 전형이 늘고, 학교장추천 인원도 늘어난 점은 매우 강점으로 작용할 것이다. 내신이 좋은 경우 수능은 최저기준만 맞추면 되니 결코 불리하지 않다. 굳이 서울로 이사하거나 자사고를 찾아갈 이유가 없다.

　일반고는 전교생의 숫자가 중요하다. 교과전형의 핵심인 1등급 인원, 2등급 인원이 전교생 숫자로 결정되기 때문이다.

내신에서 수능 과목을 배우는 시기를 파악하고 전략적으로 공부한다.

• 국어
<문학>(수능 필수) : 고등학교 2학년 1학기 내신 과목
<독서>(수능 필수) : 고등학교 2학년 2학기 내신 과목
<화법과 작문> 또는 <언어와 매체>(택1) : 고등학교 3학년 1학기 내신 과목

• 수학
<수학Ⅰ>(수능 필수) : 고등학교 2학년 1학기 내신 과목
<수학Ⅱ>(수능 필수) : 고등학교 2학년 2학기 내신 과목
<확률과 통계>(문과 선택) : 고등학교 1~2학기 내신 과목
<미적분> 또는 <기하>(이과 택1) : 고등학교 3학년 내신 과목

• 탐구
<사회탐구> 11과목 중 2과목 선택 : 고등학교 2~3학년 내신 과목
<과학탐구> 8과목 중 2과목 선택(주로 Ⅰ과목 선택) : 고등학교 2학년 내신 과목

• 영어
90점 이상이면 1등급

• 한국사
50점 만점에 30점 이상이면 만점 취급, 고등학교 1학년 내신 과목

대학 입시 기준으로 본 고교 유형

고교 유형을 대학 입시의 기준으로 본다면 다음의 세 가지로 구분된다.

① 수능 공부를 하지 않는 고등학교

수능이 필요 없는 학종의 극강 유형			
수능 입장	학생 수	상위권 밀집도	학종 지수
교육과정 아님	많지 않음	매우 높음	최고
정시 불리	교과 불리		학종 매우 유리

수능 공부를 하지 않는 고등학교는 영재학교 8곳, 과학고 20곳과 민사고, 하나고를 포함해서 30개 고등학교다. 이들 고등학교가 수능 공부를 하지 않는 이유는 간단하다. 학생들이 처음부터 수능을 보지 않고 대학 교육과정 선행 학습이나 AP와 같은 고급 과정을 배우려고 입학했으므로 학교에서는 수능 수준의 과목을 중요하게 다루지 않기 때문이다. 모두 기숙사형이라서 사교육을 활용하기도 어렵고 고3까지 빡빡한 고급 과정이 운영되어서 혼자 수능을 공부하기도 만만치 않다. 당연히 수시 학생부종합전형으로 대학에 진학한다. 그렇기 때문에 내신이 나쁘거나 고급 과정을 따라가지 못하면 대학 진학이 어려워질 가능성이 크다. 이런 고등학교에 진학하려는 학생들은 내가 입학해서 어느 정도 내신 성적을 받을 것 같고 그 성적이면 어느 대학에 진학이 가능할지 예측하는 것이 중요하다. 일반고에 진학하면 내신이 나쁠 경우 수능을 준비할 수도 있다. 선택의 여지가 없는 고등학교를 선택할 때에는 지원 전 반드시 이 부분을 확인해야 한다. 아예 정시를 포기해야 하기 때문이다. 또한 이런 고등학교에서 의대는 절대 불리하다.

② 내신 등급 따기가 쉬워서 학생부교과전형에 유리한 고등학교

일반고 중에 학생 수가 250명 이상이고 상위권 밀집도가 낮아서 상위권 학생이 쉽게 1등급이나 2등급을 받을 수 있는 학교다. 주로 대도시의 아파트 밀집 지역에 분포한다.

수시 교과전형 중심 유형			
수능 입장	학생 수	상위권 밀집도	학종 지수
해도 안 된다는 인식	250 이상	낮음	중하
정시 소극적	교과 유리		학종 소극적

수도권에 지역인재 전형이 증가하고 주요 지방거점국립대도 교과전형이 많기 때문에 내신 등급만 잘 받으면 수시로 대학에 쉽게 진학이 가능하다. 교과전형에서 기본적으로 국어, 영어, 수학, 과학, 사회(한국사 포함) 과목의 내신 등급이 평균으로 계산되어 반영된다. 과목간 균형을 고려하면서 내신 관리를 하는 것이 입시에서 기본이다. 다음으로 교과전형은 수능 최저 학력 기준을 적용하는 대학이 대부분이기 때문에 목표 대학의 수능 최저 학력 기준을 반드시 체크하고 수능 학습도 게을리해서는 안 된다. 의약학계열을 노리는 학생도 지역인재 전형으로 모집인원이 많이 보장되어 있어서 유리해졌다. 250명 이상인 충청, 강원, 부울경, 대구경북, 전라권, 제주권 학생에게 변경된 입시안이 유리해진 점이 크다. 이렇게 의약학계열의 지역인재 전형 증가로 지역 일반고 최상위권의 의약학계열 진학이 유리해진 상황에서 전국 단위 자사고에 의약학계열을 노리고 지원하는 것은 불리한 곳으로 일부러 찾아가는 어리석은 행위라는 점을 명심하자.

③ 내신 등급 따기는 어렵지만 학종에 유리한 고등학교

학종형 고등학교로 보이나 실제로 정시형 고등학교다. 자사고와 강남권 일반고들이 여기에 해당한다. 인원과 무관하게 상위권 경쟁이 치열해서 내신 등급을 따기 어렵다. 당연히 교과전형은 불리하고 학종을 노리거나 정시를 노리는 것이 유리하다. 그래서 여기에 해당하는 고등학교는 대부분 학종을 준비하고 학종으로 대학 진학을 노리다가 학종으로는 목표한 대학 진학이 어렵다고 판단되면 정시에 올인해서 정시로 대학에 진학하는 학생들이 많다. 일부 전교 등수가 높은 학생들은 본인이 원하는 대학에 학종으로 진학하겠지만 그렇지 않은 경우 재수를 해서라도 정시로 목표 대학에 진학하려는 욕심이 있기 때문에 수시로 성적에 맞는 대학에 진학하고 보자는 식으로 입시를 끝내는 경우는 많지 않다. 그래서 재수생 비율이 높고 입시 결과 발표에서 재수생이 차지하는 비율도 높다. 기본적으로 중학교 때 학습량이 많고 수능 선행에 있어서 완성도가 높은 학생들이 많다. 수시로 서성한 진학이 가능한 학생이 정시로는 연고대 이상 진학이 가능한 성적 구성이 나와서 수시보다는 정시를 선호하는 경향이 강하다. 따라서 학종이 유리하긴 하지만 의약학계열이나 서울대, 연세대, 고려대 정도만 학종으로 진학하고 나머지 대학은 학종보다는 정시로 연고대 이상을 진학하려는 태도가 강한 학생들이 모인 고등학교다. 결론적으로 정시형 고등학교라 할 수 있다.

- 고교 진학 전 꼭 따져볼 것

  - 내가 진학할 고등학교는 이후 진학할 대학의 입시전형에 유리한가?

  - 내 성적으로 진학 가능한 대학, 학과에 최적화된 고부를 할 수 있는 고등학교는 어디인가?

  - 고입 대비는 입시 자체가 중요한 게 아니라, 입학 이후를 도모해야 한다.

2장

수시모집과 정시모집

수시모집의 학생부 종합전형

수시모집은 학교생활기록부(이하 학생부)를 기반으로 전형을 치른다. 학생부란 초등학교부터 고등학교까지 학생의 학업성취도 및 인성 등을 종합적으로 관찰·평가하여 학생지도 및 상급학교의 학생선발에 활용할 수 있는 자료로 관리되는 종합기록이다. 수시모집이 매년 9월 초에 원서를 접수하기 때문에 고3 재학생은 3학년 2학기의 학생부는 반영되지 않는다. 하지만 재수생의 경우 3학년 2학기 학생부도 반영이 된다. 또한 수시모집에 합격하면 반드시 등록을 해야 한다. 수시 합격한 학생은 정시에 지원할 자격이 없기 때문이다.

6개 복수지원 가능한 수시모집

수시모집으로는 6개까지 지원할 수 있기 때문에 많은 혼란이 발생한다. 1등이 6곳을 선택할 수 있기 때문에 2등과 3등은 손해 보는 경우가 많다. 1등이 서울대, 연세대, 고려대에 모두 학교장추천으로 지원하게 되면 2등이나 3등이 지원할 때 눈치를 볼 수밖에 없다. 서울대·연세대·고려대(SKY) 모두 2등이나 3등보다는 1등을 선호할 것이다. 만약 1등이 세 곳 모두 합격하면 당연히 서울대에 등록할 것이다. 그렇게 되면 연세대와 고려대는 충원 합격으로 정원을 채우게 된다. 하지만 1등에 밀려서 SKY에서 모두 떨어진 2등과 3등은 수시 원서 6장이라는 제도 때문에 손해를 본 셈이다. 만약 수시 원서 지원이 단 1회만 가능하면 1등이 서울대, 2등이 연세대, 3등이 고려대를 각각 지원할 테니 1등의 리스크는 커질지언정 2등과 3등이 연고대에 합격할 가능성은 더 높아질 것이다. 그래서 고등학교들이 발표하는 대학별 합격생 명단을 보면 실제로는 1등이 중복 합격한 경우가 많다. 수시에서 지원 횟수가 많을수록 교과 성적 등수가 높은 학생에게 압도적으로 유리한 전형이다. 그래서 가능하면 교과 등수를 1등이라도 올리는 것이 좋다.

학생부 교과전형과 학생부 종합전형

수시모집에서 학생부를 반영하는 방법에 따라 학생부 교과전형(이하 교과전형)과 학생부 종합전형(이하 학종)으로 구분된다. 교과전형은 학생부 중에서 교과 성적만 반영하고, 학종은 학생부 전체를 반영한다. 다르게 표현하면 교과전형은 교과 성적만 반영하고, 학종은 교과 성적과 비교과 성적을 반영한다.

비교과

학생부 중에 교과 성적을 제외한 나머지 모두를 비교과라고 부른다. 비교과는 교과전형에는 반영되지 않고 학종에만 주로 반영된다. 학생부에 기록되는 명칭으로 자율활동, 동아리활동, 진로활동, 세부능력과 특기사항, 행동특성과 종합의견 등이 포함된다. 수상, 독서, 봉사활동 등이 학생부에서 없어지면서 이제 비교과의 반영 비중은 10~20% 정도로 대폭 감소했다. 교과 성적이 더 중요해졌다.

등급으로 평가하는 학생부 교과전형

교과전형과 학종은 각각 교과 성적을 반영하는 방법이 완전히 다르다. 교과전형은 단순하게 평균등급을 반영한다.

$$평균등급 \ = \ \frac{(과목별 \ 등급 \times 과목별 \ 이수단위)의 \ 합}{총 \ 이수단위}$$

이 평균등급으로 학교장추천 순위가 결정되고 수시 학생부교과전형 당락
이 결정된다. 평균등급을 계산할 때는 과목을 구분하지 않고 오로지 결과로
나온 숫자만 의미가 있다.

전교생이 288명인 학교의 등급별 인원

	1등급	2등급	3등급	4등급	5등급	6등급	7등급	8등급	9등급
비율	4%	7%	12%	17%	20%	17%	12%	7%	4%
누적비율	4%	11%	23%	40%	60%	77%	89%	96%	100%
누적인원	12	32	66	115	173	222	256	276	288

고교 1학년 1학기부터 3학년 1학기까지의 성적을 단순히 평균등급으로 계
산해서 그 결괏값의 순서대로 컴퓨터가 합격자를 결정한다. 그래서 교과 성
적 등급 획득이 유리한 고등학교가 대학 입시에 유리하다. 교과 등급이 잘
나오는 조건은 '전교생 다수, 상위권 소수'다. 전교생이 많아야 1등급 인원이
늘어난다. 100명이면 4명만 1등급이지만 300명이면 12명이 1등급이다. 상
위권 학생이 많으면 한 문제만 실수해도 3등급이나 4등급까지 떨어지지만
상위권 학생이 적으면 2~3문제를 실수해도 1등급을 유지할 수 있다. 또 교과
전형에서는 등급만 확인한다는 점이 중요하다. 특히 학교장추천이 많아지면
서 등급의 중요도는 더 커졌다.

교과전형 내신 반영 방법 예시

과목별 구분	국어		수학		영어		사회		과학		전체	
	점수	등급	점수	등급	점수	등급	점수	등급	점수	등급	평균 점수	평균 등급
김은솔	92	1	93	1	94	1	95	1	93	1	93.4	1
박한별	91	2	100	1	92	2	94	1	100	1	95.4	1.4
	미반영		미반영		미반영		미반영		미반영		미반영	

표를 보면 은솔이의 평균점수는 한별이보다 2점이 낮지만 교과전형에서는 이를 반영하지 않는다. 오로지 '평균등급'만 반영한다. 또한 수학 성적만 보면 한별이의 점수가 은솔이보다 월등히 높지만 교과전형에서는 이 둘이 동급이다. 따라서 서울대 학교장추천은 평균등급이 높은 은솔이가 받게 된다. 서강대·성균관대 교과전형에서 은솔이는 합격하고 한별이는 불합격할 수도 있다. 과목 간 균형을 맞추는 것이 얼마나 중요한지 보여 주는 사례다.

점수를 고루 평가하는 학생부 종합전형

반면 학종에서는 교과 성적을 등급으로 반영하지 않는다. 원점수, 평균점수, 표준편차 등을 모두 활용해서 학생별 우수함을 주관적으로 평가한다. 원점수는 동일한 고등학교에서 비교되면 상당한 상대평가의 근거가 된다. 평균은 지원자의 원점수가 평균에서 얼마나 고득점 상태인지 확인하는 데 도움이 된다. 평균이 80점인 수학 시험에서 95점을 받은 학생과 평균이 55점인 수학 시험에서 95점을 받은 학생은 우수한 정도가 다르다. 이런 것을 일일이 확인하고 주관적으로 평가하는 것이 학종에서 교과 성적을 평가하는 방법이다. 교과전형은 그냥 컴퓨터가 등급만 계산하는 것이고 학종은 컴퓨터가 아니라 사람(입학사정관)이 하나하나 비교하면서 평가한다.

일부 사교육이나 학교에서 학종은 등급과 상관없이 비교과나 활동이 중요하다고 우기는 사례도 있는데 학종에서도 성적이 가장 중요하단 점을 명심하자. 학종에서 비교과는 성적이 비슷한 학생들 중에 합격자를 선발하는 도구이지 성적을 뒤집을 수 있는 마법의 빗자루가 아니다.

논술전형

논술전형은 일반적으로 중학생이 고민할 필요가 없어서 간략히 정리만 하고, 실기전형은 예·체능을 제외하고 거의 없어져서 다루지 않겠다.

논술전형은 논술 시험 성적으로 합격자를 선발하는 방식으로, 수시 중에 학생부가 중요하지 않은 유일한 전형이다. 인문·사회계열은 언어논술이라는 시험을 보는데 국어의 <독서> 파트를 서술형으로 출제한다고 생각하면 된다. 상경계열은 언어논술에 수리논술을 추가로 실시하는데 주로 <확률과 통계>가 출제된다. 역시 수능 <확률과 통계>의 서술형 버전이라 생각하면 된다. 이과는 수리논술을 주로 실시한다. 수리논술은 수능 수학의 서술형 버전이다. 수능과의 차이는 <미적분>과 <기하>가 모두 출제된다는 점이다. 일부 대학이 과학논술을 보는 경우가 있는데 <물리>, <화학>, <생명과학> 중에서 1과목을 선택하면 된다. 역시 수능 과학의 서술형이라고 보면 된다. 이런 논술전형은 매년 10%씩 감소하고 있는 추세다. 그러니 중학생 입장에서 미리 준비하거나 걱정할 필요 없이 교과 준비를 착실히 하면 된다.

웅쌤의 핫클립

- 수시모집은 3학년 1학기까지 학생부를 반영한다.
- 수시 원서는 6개 지원이 가능하다.
- 고교 교과 성적은 점수보다 등급에 민감해야 한다.

~~~ **02** ~~~

학생부 구성별 전략

순서	항목	고1부터 적용	고2, 고3
1	인적사항	• 학적사항과 통합 • 부모 정보(부모, 성명, 생년월일) 및 특이사항(가족변동사항) 삭제	• 학생 정보, 가족상황(부모 성명, 생년월일), 특이사항
2	학적사항	• 인적사항과 통합	• 졸업 연월일, 학교명, 검정고시 합격 정보 등
3	출결사항	• 질병·미인정·기타 ※ 무단 → 미인정	• 질병·미인정·기타(개선사항 적용)
4	수상경력	• 수상경력 모두 기재 상급학교 제공 수상경력 개수 제한 (학기당 1개, 총 6개)	• 수상경력 모드 기재 (상급학교 제공 제한 없음)
5	자격증 및 인증 취득상황	• 대입 자료로 미제공	• 대입 자료로 제공
6	진로희망 사항	• 항목 삭제 • 학생의 진로희망은 창체 진로활동 특기사항에 기재(대입 미제공)	• 진로희망, 희망사유 입력

70

7	창의적 체험 활동 상황	봉사 활동	●봉사활동 특기사항 미기재, 실적만 기재(필요시 행동특성 및 종합 의견란에 특기사항 기재 가능)	●개선사항 적용
		동아리 활동	●자율동아리 기입 제한은 두지 않되 기재 기능 동아리 개수를 제한(학년당 1개)하고, 객관적으로 확인 가능 사항(동아리명, 동아리 소개)만 30자 이내 기재 ●소논문 기재 금지 ●(교육과정에 편성된 청소년단체) 단체명, 활동내용 모두 기재 ●(학교교육계획에 따른 청소년단체 활동)단체명만 기재 ●학교 밖 청소년단체 활동은 미기재 ●학교스포츠클럽활동 기재 간소화 ※ 정규교육과정 내 : 개인특성 중심 ※ 정규교육과정 외 : 클럽명(시간)	●(자율동아리) 기재개수 제한 없음, 자율동아리명, 활동내용 기재 ●(소논문) 동아리, 교과서특란에 논문명, 참여시간, 참여인원 기재 ●(청소년단체) 교육과정에 편성된 청소년단체, 학교교육계획에 포함된 청소년 단체, 학교밖 청소년단체 활동 모두 기재(단체명, 활동내용) ●(학교스포츠클럽활동)구체적 활동내용 기재 (포지션, 대회출전 경력, 역할, 특성 등)
		진로활동	●진로활동 특기사항에 진로희망분야 기재 추가(대입자료로 미제공)	●진로 관련 활동내용 및 상담내용 등 기재
		기재분량	●특기사항 기재 분량 축소 : 1,700자 자율활동 1,000자▶500자 봉사활동 500자▶미기재 동아리활동 500자 동일 진로활동 1,000자▶700자	●특기사항 기재분량 축소 : 1,700자 (개선사항 적용)
8	교과학습 발달상황		●방과후학교 활동(수강)내용 미기재 ●교과세특 : 현행 유지	●(방과후학교)방과후학교 활동(수강) ●(교과세특) 특기할 만한 사항이 있는 과목 및 학생에 한해 기재
9	독서활동상황		●현행 유지	●제목과 저자만 기재
10	행동특성 및 종합의견		●기재 분량 축소 : 500자	●기재 분량 축소 : 500자 (개선사항 적용)

인적/학적사항

학생	성명 : ○○○ 성별 : 주민등록번호 : 주소 :
학적사항	2019년 02월 16일 ○○중학교 제 3학년 졸업 2019년 03월 02일 ○○고등학교 제 1학년 입학
특기사항	

　교과전형에는 활용되지 않으며 학종에서도 사실 거의 영향력이 없다. 부모의 기록이 없어진 것이 변화인데 원래 부모 인적사항을 학생부에 기록하고 있었다는 점이 놀랍다. 한 가지 유의할 점은 전학하게 되면 전학 기록이 남는데 학종에서 전학 사유에 관심을 가질 수도 있다. 상산고에 입학했다가 동네의 일반고로 전학했다면 입학사정관이 전학의 의도를 짐작할 수 있을 것이다.

출결사항

학 년	수업 일수	결석일수			지각			조퇴			결과			특기 사항
		질병	미인정	기타	질병	미인정	기타	질병	미인정	기타	질병	미인정	기타	
1	190			2										
2														
3														

　출결사항은 미인정 결석과 지각을 잘 관리해야 한다. 교과전형에서도 3일

이상 미인정 결석이 있는 경우 감점하는 학교도 있기 때문이다. 특히 미인정 지각이 종종 있을 법한데 학생부 전형이 마감된 뒤 이를 알게 되어 낭패를 보는 경우도 많다. 5분 지각도 미인정 지각으로 기록하는 고등학교들이 많다. 나머지는 개의치 않아도 된다.

수상명	등급(위)	수상연월일	수여기관	참가대상 (참가인원)
교과우수상(수학Ⅰ, 과학, 사회)		2019.5.26.	○○학교장	수강자
과학탐구대회 (실험부문, 공동수상, 3인)	금상(1위)	2019.6.7.	○○학교장	1학년 중(80명)
독후감 쓰기대회	장려상(3위)	2019.6.15.	○○학교장	1·2학년(720명)
○○논술대회	1위	2019.9.15.	○○학교장	1학년(410명)
학생토론대회(공동수상, 3인)	우수상(2위)	2019.9.15.	○○학교장	전교생 중(60명)

수상실적

교과전형에는 반영되지 않는다. 2023학년도까지는 학종에 반영되지만 2024학년도부터는 학종에도 반영되지 않는다. 사실상 수상에 신경 쓸 필요는 없다. 하지만 학종을 노리는 학생은 상을 받는 것보다는 참여 자체에 의미를 두고 적극적으로 임하는 것이 좋다. 학종에서 활용하는 방법은 서류평가가 아니라 면접이다. 면접에서 교수들이 학교 대회에 참가한 적이 있는지 질문할 여지가 있다. 학교의 다양한 대회나 행사에 참여해서 학교생활을 풍성하게 경험하는 것은 학종에서 좋은 전략이다. 물론 학종을 준비할 필요가 없다면 대회에 참여할 필요는 없다.

창의적 체험활동

창의적 체험활동(이하 창체)은 자율활동, 동아리활동, 진로활동, 봉사활동으로 구성된다. 기재 분량이 자율활동 500자, 동아리활동 500자, 진로활동 700자, 봉사활동 미기재로 기존보다 대폭 감소했다.

창의적 체험활동 기록 예시

학년	창의적 체험활동 상황		
	영역	시간	특기사항
1	자율활동 (500)	26	학급반장(2019.3.3.-2019.7.30.)으로 1학기 동안 책임감과 봉사정신을 가지고 급우들의 의견을 존중하여 학급문제를 해결하며 학급 전체의 인화를 위해 매사 노력함. 학교 축제(2019.5.19.)에서 1부 사회를 맡아 축제의 시작을 매끄럽고 유쾌한 진행으로 모든 이들의 흥미를 돋우었으며, 전반적인 행사 준비 과정에서 '축제 준비위원'으로 활동하며 성공적 축제를 위해 노력하였으며, 음악 공연에서 알토 파트장을 맡아 파트원의 참여를 독려하여 환상적인 하모니를 만들어 내는 데 크게 기여함. 또래 멘토링(2019.8.23.-2019.12.29.) 활동에서 또래 교사 역할로 멘티의 학업 향상을 위하여 아낌없이 도와주는 모습을 보임. 학교 폭력 예방에 많은 관심을 가지고 있으며, 학교 폭력 예방 다짐 결의 활동(2019.5.21.)에서 학교 폭력 예방 방안에 대해 학급 대표로 발표함. 흡연 예방 교육(2019.6.17.) 동영상을 시청하고 교내에서 캠페인에 직접 참여하여 학생들에게 적극적 홍보함.
	동아리활동 (500)	124	(멀티미디어 제작반)(34시간) 영상 관련 분야에서 능력과 역량을 충분히 발휘하며, 특히 UCC 제작과 동영상 편집 능력이 탁월함. (로봇반 : 자율동아리) 로봇공학 기본 개념을 학습함.
	진로활동 (700)	34	희망분야 : 인공지능전문가 (대입 미반영) 월 1회 '진로의 날' 행사를 통하여 진로 선택에 대한 안내를 받고 각종 서적이나 참고문헌, 인터넷 사이트를 통한 직업 탐색 및 적성에 맞는 직업 탐색군 조사 등의 활동을 함. 2학기 진로활동 시간에 아로 플러스 검사를 실시함. 본인의 적성에 적합한 직업 분야(중등학교 교사, 기자, 상담전문가 분야)에 대하여 진로 탐색 및 진로 계획서를 작성함.

① 자율활동

자율활동은 학생 자치 활동과 학교에서 벌이는 자율활동을 관찰하고 기록하는 것이다.

앞의 예시를 평가해 보자. 고교 1학년 1학기 학급반장 경험은 가산점이 될 수 있을까? 그렇지 않다. 전국 고등학교에서 1학년 1학기 반장은 약 15,000명이다(2020년 통계 연보). 모두 이런 무난한 교사 평가를 받았을 것이므로 변별력이 없다. 이 기록이 의미가 있으려면 학급의 문제가 무엇이었고 그 과정에서 반장으로 어떤 역할을 했는지 구체적이어야 한다. 또한 교사의 주도 면밀한 관찰과 소통, 기록이 있어야 한다. 학교 폭력 예방 활동, 흡연 예방 캠페인, 마라톤대회나 향토 탐방과 같은 학교 단위나 교육청 단위의 자율활동도 대부분의 고등학생들이 의무적으로 하고 복사하고 붙이기(복붙) 형태로 기록되는 경우가 많으므로 불필요한 요소다.

자율활동과 관련해 팁을 준다면 학교 및 학급 내 임원활동은 고1보다는 고2 때 하는 것이 좋다. 일단 고1 때는 학종이든 비교과든 가리지 말고 일단 교과 평균 등급과 전교 등수를 최대한 올리는 것이 입시에 유리하다. 그리고 교과 성적이 부족하다면 반장이나 비교과 활동보다는 공부해서 성적을 올리는 데 더 노력을 기울여야 한다.

② 동아리활동

동아리활동에서 중요한 것은 학업 역량보다는 공동체 활동 경험이다. 주 1회 1시간 진행되는 동아리활동에서 지적 성취나 전공 적합성을 기대하지는 않는다.

앞의 예시 기록 중 '자신의 능력과 역량을 충분히 발휘'라는 표현은 교사의 면밀한 관찰에 의한 기록이 아님을 알 수 있다. 학생은 활동에 대해 교사에게 적극적으로 알리고 지속적으로 단톡 채팅, 문자, 이메일, 종이 보고서 등의 방법으로 교사와 소통해야 한다. 100명 이상의 학생을 담당하고 지도하는 동아리 교사가 학생 하나하나를 관찰하고 기록하는 것은 불가능하다. 동아리활동 역시 나의 행위 위주로 기록되어야 좋은 기록이다. 내가 어떤 행위를 하고 이 행위를 동아리 담당 교사가 관찰해야 한다. 하지만 이런 부차적인 동아리활동으로 성적을 뒤집으려는 무리수는 두지 말고, 무엇보다 성적을 올리는 것이 가장 중요함을 명심하자.

③ 진로활동

진로활동 중 희망분야 기록은 대입에 반영되지 않는다. 학교 단위 진로 교육이나 개인별 진로 검사 등이 주로 기록된다. 학종 초기에는 진로 수업이 착실히 진행되면서 수업 활동을 기록하는 경우가 많았는데 이제 학교 시험과 수능 시험의 비중이 증가하면서 진로 수업 자체가 없는 고등학교가 많아지고 있다. 교과전형에 반영되지 않고 학종에서는 입학사정관에 의해 서류 평가되는 항목이다. 학교 단위 집체 활동은 사실상 무의미하다. 검사 결과 나열도 득점으로 연결되기 어렵다. 나만의 진로 고민에 의한 구체적 행위가 기록되어야 한다. 앞의 예시에서 '각종 서적이나 참고문헌, 인터넷 사이트'보다는 책 이름이나 참고문헌을 명확하게 밝혀야 하고 인터넷에서 찾은 내용이 구체적으로 나와야 한다.

④ 봉사활동

봉사활동 실적 사례

학년	봉사활동 실적(개인 봉사활동 실적 대입 미반영)				
	일자 또는 기간	장소 또는 주관기관명	활동내용	시간	누계시간
1	2019.3.7	(학교)○○학교	봉사활동 소양교육	1	1
	2019.3.11.- 3.12	(개인)○○양로원	청소 및 식사수발, 말벗	6	7
	2019.4.17.	(학교)○○학교	학교주변 환경정화	2	9
	2019.8.12.- 8.14	(개인)꽃동네	청소, 빨래 및 일손돕기	18	27
	2019.9.10.	(개인)○○사회복지관	장애체험행사 보조	4	31
	2019.9.21.	(학교)○○학교	교통안전 캠페인	2	33
	2019.9.25.- 10.20	(학교)○○학교	도서실 도서정리	8	41
	2019.11.10.	(학교)○○학교	학교주변 환경정화	2	43

이제 봉사활동은 서술로 기록하는 것은 불가하고 예시처럼 실적만 기록이 가능하다. 그리고 개인 봉사활동은 대학에 제출할 수 없다. 앞으로 고등학생들의 봉사활동이 대거 사라질 것으로 예상된다. 그냥 학교에서 하는 봉사에 적극적으로 참여하면 그만이다. 학교 교사가 구체적으로 지도한 개인봉사의 경우 예외적으로 대학에 제출할 수는 있지만 학교 봉사와 큰 차이가 없다. 봉사 시간은 50시간 정도가 적절한데 학교 봉사활동을 열심히 하다 보면 거뜬히 채운다. 일부 고등학교가 봉사활동에 소극적인 경우가 있는데 이런 경우 학생의 잘못이 아니므로 걱정할 필요는 없다.

교과학습 발달사항-고1

학생부에서 가장 중요한 것은 성적이다. 우선 고등학교 1학년 성적 기록 예시를 보자.

고1 성적 기록 예시

학기	교과	과목	단위수	원점수/과목평균 (표준편차)	성취도 (수강자수)	석차등급
1	국어	국어	4	81/75(7.9)	B(350)	3
	수학	수학	4	82/72.1(10.1)	B(350)	3
	영어	영어	4	93/59.8(23.6)	A(350)	2
	과학	통합과학	4	93/59.8(23.6)	A(350)	2
	사회	통합사회	3	85/71.3(10.7)	B(350)	3
	과학	과학실험	1	98/72(17.5)	A(350)	1
	사회	한국사	3	91/68.2(20.5)	A(350)	2
	제2외국어	한문 I	2	98/58.9(22.5)	A(350)	1
2	국어	국어	4	75/68.2(9.3)	C(350)	4
	수학	수학	4	92/86.3(12.7)	A(350)	2
	과학	통합과학	4	91/62.5(20.3)	A(350)	2
	사회	통합사회	3	89/78.3(10.7)	B(350)	3
	과학	과학실험	1	98/72(17.5)	A(350)	2
	사회	한국사	3	91/65(18.2)	A(350)	1
	제2외국어	한문 I	2	95/62.3(20.2)	A(350)	1
이수단위 합계			50			

① 교과와 과목

고등학교 1학년은 교과 유형에서 '공통'으로 구분되는 과목을 주로 공부한다. 일반고, 자사고, 과학고, 외고 등 대부분의 고등학교에서 공통으로 수강하는 과목이다. 예시에서 <국어>, <수학>, <영어>, <통합과학>, <통합사회>,

<과학탐구실험>, <한국사> 등 7과목이 공통과목이다. <한문Ⅰ>은 공통교과가 아니라 일반교과다. 그래서 고등학교마다 다르다. 어느 고등학교는 1학년에 <제2외국어>나 <정보>를 수강하기도 한다.

② 단위수

단위수는 1주일에 몇 타임 수업하는지 나타낸다. 기본적으로 단위수가 가중된다. 단위수가 높은 과목이 성적에 영향을 많이 준다. 교과전형에서는 등급에 단위수를 곱해서 평균등급을 계산하고 학종에서는 단위수 높은 과목의 성적을 중시해서 평가하는 편이다.

③ 원점수/과목평균

이 항목은 학종을 위한 항목이다. 교과전형에서는 석차등급과 단위수만 필요하다. 원점수는 100점 만점으로 학생이 득점한 점수를 표현한다. 대부분의 고등학교에서는 중간고사 35%, 기말고사 35%, 수행평가 30%를 반영한다. 과목 평균은 그 과목을 수강하고 시험에 응시한 학생 전체의 성적을 평균한 점수다.

④ 표준편차

표준편차는 내 점수가 평균으로부터 거리가 얼마나 되는지를 나타낸다. 보통 대학들이 학종에서 이 학생의 성적이 어느 정도 위치에 존재하는지 확인하는 데 활용한다. 앞의 표에서 국어 평균이 75점이고 표준편차가 7.9이다.

평균 점수에 표준편차를 뺀 점수와 평균에 표준편차를 더한 점수 사이에 전체 응시생의 68.26%가 모여 있다는 의미다. 즉 67.1점과 82.9점 사이에 350명 중 68.26%인 239명이 있는 것이다. 정규분포에 따르면 67.1점 이하에 약 15.1%, 82.9점 이상에 15.1%의 학생들이 있음을 알 수 있다. 그런데 이 학생의 성적이 81점이니까 약 16~20% 사이에 위치한다는 것을 파악할 수 있다.

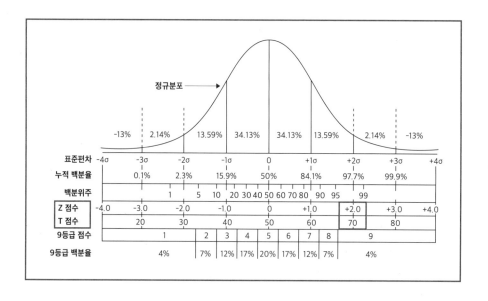

Z점수나 T점수 형태로 활용하는 대학도 있다. Z점수는 원점수를 평균이 0, 표준편차가 1인 Z분포상의 점수로 변환한 점수로, 평균에 표준편차를 1회 더한 값이 1.0이고 평균에서 표준편차를 1회 뺀 값이 -1.0이다. 평균에 표준편차를 2회 더한 값은 2.0이고 3회 더한 값은 3.0이다. T점수는 평균이 50, 표준편차가 10이 되도록 Z점수를 변환한 점수다. 평균을 50으로, Z점수 1.0 즉, 평균에 표준편차를 1회 더한 값은 60이 되고, Z점수 2.0 즉, 평균에 표준편차를 2회 더한 값은 70이 된다. Z점수가 높다는 것은 시험의 난이도가 적

절히 유지된 시험에서 얼마나 상위권인지 구분하기에 유용한 도구다.

$$Z점수 = \frac{(원점수 - 평균)}{표준편차} \qquad T점수 = (10 \times Z점수) + 50$$

⑤ 성취도

성취도(수강자 수)는 석차등급이 나오는 경우 대학에 제공되지 않는다. 다만 석차등급이 나오지 않는 진로선택과목이나 심화교과의 경우 성취도가 중요한 성적 기준이 된다.

⑥ 석차등급

석차등급은 고등학교 교과 성적에서 가장 중요한 기록이다. 교과전형에서는 석차등급만 활용되고 학종에서도 학생의 성적을 상대적으로 파악하기에 가장 직관적인 기록이다. 등급으로 평가하는 방법은 66쪽에서 언급했다.

교과학습 발달사항-고2

고등학교 2학년 성적 기록 예시를 보자.

고2 일반교과 성적 기록 예시

학기	교과	과목	단위수	원점수/과목평균 (표준편차)	성취도 (수강자수)	석차등급
1	국어	독서	5	81/75(7.9)	B(350)	4
	수학	수학 I	5	87/82.1(10.1)	C(350)	3
	수학	수학 II	4	90/65(12.5)	A(350)	2
	과학	물리 I	2	88/64(19.7)	B(120)	2
	과학	화학 I	3	96/76(13.4)	A(120)	1
	과학	생물 I	3	94/75(15.4)	A(120)	1
		...				
2	국어	문학	5	92/86.3(12.7)	A(350)	2
	수학	확률과 통계	4	92/86.3(12.7)	A(120)	1
	과학	물리 I	3	94/75(15.4)	A(120)	1
	과학	화학 I	2	94/75(15.4)	A(120)	1
	과학	생물 I	2	88/64(10.7)	B(120)	2
		...				
이수단위 합계			54			

　2학년이 1학년과 다른 점은 '진로선택과목'란이 추가되는 것이다. 1학년은 주로 공통교과와 일반교과를 수강하기 때문에 석차등급까지 동일한 방식으로 표기한다. 하지만 2학년부터 추가되는 진로선택과목은 등급이 표기되지 않고 성취도와 분포비율이 표기되기 때문에 양식을 구분해서 기록한다.

　수학 교과에서 <기하>는 <확률과 통계>나 <미적분>과 달리 진로선택과목으로 분류된다. 그래서 과목명, 단위수, 원점수, 과목평균, 성취도, 수강자수까지는 동일하게 기록되지만 표준편차와 석차등급은 기록되지 않는다. 대신 성취도 분포비율이라는 항목이 있다. 이를 통해 A등급을 받은 학생이 몇 %인지 알 수 있다.

고2 진로선택과목 예시

학기	교과	과목	단위수	원점수/과목평균	성취도 (수강자수)	성취도 분포비율
2	수학	기하	4	92/78.7	A(120)	A(22.4%) B(31.9%) C(46.3%)

앞의 예시에 나오는 A등급 성취 비율은 22.4%이다. 이 고등학교의 고2 중에서 120명이 <기하>를 수강해서 27명이 A를 받았음을 알 수 있다. 진로선택과목의 평가 기준은 A=80점 이상, B=60점 이상이다. 중학교 절대평가 기준인 A=90점 이상, B=80점 이상과는 다른 기준이 적용되니 유의하자.

등급이 9단계로 구분되고 진로선택과목은 3단계로 구분되기 때문에 등급이 나오는 공통교과나 일반교과가 교과 성적에서 변별력이 더 크다. 그렇기 때문에 고1 공통과목과 고2 일반과목의 성적이 대입에 더 중요한 요소가 된다. 등급이 나오는 일반교과의 경우 1학년 양식과 같다. 고2가 되면 공통교과는 없고 과목 유형에서 일반으로 분류되는 과목을 위주로 학습한다.

앞의 예시를 보면 국어 교과에서 1학기에는 <문학>을, 2학기에는 <독서>를 수강했다. 고등학교 내신에서 <문학>과 <독서>는 1학기 분량임을 알 수 있다.

수학 교과를 보면 <수학Ⅰ>과 <수학Ⅱ>를 1학기에 동시에 수강했다. <수학Ⅰ>과 <수학Ⅱ>는 연결 과목이 아니어서 동시에 수강하는 것이 가능하다.

탐구 교과는 복잡한 선택을 해야 한다. 사회 9과목(한국지리, 세계지리, 세계사, 동아시아사, 경제, 정치와 법, 사회·문화, 생활과 윤리, 윤리와 사상)과 과학 4과목(물리학Ⅰ, 화학Ⅰ, 생명과학Ⅰ, 지구과학Ⅰ) 중에서 고등학교가 요구하는 과목만큼 선택해야 한다. 보통 3과목을 선택하는 경우가 많다. 그래서 문과 학생들은 사회에서 3과목, 이과 학생들은 과학에서 3과목을 선택한다.

진로선택과목이 포함된 고등학교 2학년 탐구 선택 예시를 살펴보자.

고2 교육과정 편성표 예시

구분	교과영역	교과(군)	과목유형	세부교과목	기준단위	운영단위	2학년		이수단위	필수이수단위
							1	2		
2학년 선택	탐구	사회	일반	한국지리	5	6	12 (택4)	12 (택4)	24	
			일반	경제	5	6				
			일반	사회·문화	5	6				
			일반	세계사	5	6				
			일반	생활과 윤리	5	6				
			진로	여행지리	5	6				
		과학	진로	과학사	5	6				
			진로	융합과학	5	6				
			일반	물리학 I	5	6				
			일반	화학 I	5	6				
			일반	생명과학 I	5	6				
			일반	지구과학 I	5	6				

선택과목은 학교가 지정한 사회 6과목과 과학 6과목 중에서 4과목을 선택해서 수강해야 한다. 문과 학생은 사회 4과목을 선택하거나 사회 3과목+과학 1과목, 이과 학생은 과학 4과목을 선택하거나 과학 3과목+사회 1과목을 선택하면 된다. 물론 문·이과 구분 없이 아무거나 선택해도 문제는 없다. 하지만 대부분 고등학교는 문과반과 이과반을 구분하기 때문에 반별로 일괄 '3+1'(문과=사회3+과학1, 이과=과학3+사회1)을 선택하고 있다. 문과 학생들은 사회 3과목은 일반교과를, 과학 1과목은 진로선택과목을 선택한다. 이과

학생들은 과학 3과목은 일반교과를, 사회 1과목은 진로선택과목을 선택한다. 이유는 진로선택과목이 교과 성적 득점에 유리하기 때문이다. 문과 학생이 과학에서 일반교과를 선택하면 이과 학생들과 공통으로 시험을 봐서 등급 경쟁을 해야 하지만 진로교과를 선택하면 80점 이상만 받으면 A를 받을 수 있기 때문이다.

교과학습 발달사항-고3

고3 일반교과와 진로선택과목의 성적 기록 예시

학기	교과	과목	단위수	원점수/과목평균 (표준편차)	성취도 (수강자수)	석차등급
1	국어	화법과 작문	4	92/78(10.9)	A(350)	3
	수학	미적분	4	95/72(15.5)	A(120)	3

학기	교과	과목	단위수	원점수/과목평균	성취도 (수강자수)	성취도 분포비율
1	영어	심화 영어작문	4	95/82	A(120)	A(22.4%) B(31.9%) C(46.3%)
	수학	심화수학1	4	95/91.3	A(120)	A(30.9%) B(32.4%) C(36.7%)
	과학	심화 생명과학	3	93/89.2	A(120)	A(30.9%) B(32.4%) C(36.7%)
1	과학	생물II	3	91/85	A(120)	A(30.9%) B(32.4%) C(36.7%)
	과학	화학II	3	95/82	A(120)	A(46.3%) B(22.4%) C(31.9%)

마지막으로 고3 성적 기록을 보자. 고3은 등급이 나오는 일반교과가 적고 'A-B-C'로 성취도와 분포비율이 기록되는 진로선택과목이 주를 이룬다.

교과전형에서는 진로선택과목 성적을 반영하지 않는 대학과 반영하는 대학들이 혼재되어 있다. 하지만 반영하더라도 A를 받게 되면 거의 감점이 없는 경우가 많다. 중학교에서 이 반영 방법까지 알 필요는 없다. 등급에 비해 변별력이 거의 없다는 정도만 알자.

세부능력 및 특기사항

세부능력 및 특기사항 예시

세부능력 및 특기사항
(1학기) 통합사회 : 자료를 조직적으로 분석하는 능력이 뛰어나며 이를 통하여 '인권과 관련한 사회적 쟁점' 발표 활동에서 사형제도 존폐 논쟁에 대한 찬성과 반대의 입장을 고르게 자료수집하였고, 다른 나라의 사례를 구조적으로 정리함. 또한 자신의 입장을 분명하게 발표하여 친구들의 박수를 받음.

과목별로 담당 교사들이 작성하는 '세부능력 및 특기사항(이하 세특)'은 학교 수업 시간 내 활동을 바탕으로 성적으로 표현되지 않는 정성적인 능력과 특기사항을 기록하는 것이다. 과거에는 소논문, 외부 활동, 독서 내용 등을 기록해서 학생 간에 변별이 컸으나 이제 소논문이나 다른 내용을 기록할 수 없고 오로지 수업 시간에 활동한 것을 기록해야 하기 때문에 변별력이 줄어들었다. 수행평가 활동, 수업 시간에 발표, 질문 등을 통해 교사에게 관찰되어야 한다. 발표와 질문이 핵심이다.

예시 기록을 보면 구체적이어서 좋다. 하지만 대부분 이 정도 수준이다. 사실 아예 기록이 없는 경우를 제외하면 세특에서 감점을 받는 경우는 많지 않다. 주의할 점은 세특 내용과 교과 성적이 불일치하는 경우 불이익을 받을 수도 있다. 만약 어느 학생의 수학 과목 세특에서 '수학적 감각이 뛰어나다', '방정식에 대한 이해가 매우 뛰어나다' 등의 좋은 평가가 있었는데, 정작 수학 등급은 5등급이라면? 이런 불일치가 보이면 오히려 세특을 기록하지 않는 편이 낫다. 교과 성적이 5등급이면 '모르는 개념이나 부족한 역량'을 어떻게 보완하려고 노력했는지 기록하는 것이 더 설득력이 있을 것이다.

행동특성 및 종합의견

행동특성 및 종합의견 예시

학년	행동특성 및 종합의견
1	유쾌하고 활동적이며 에너지가 넘치는 학생으로 다른 사람과의 대화에서 순발력과 재치가 있으며 평범한 것보다는 독특한 것을 선호함. 학급 및 학교 행사에서 적극적으로 자신의 의견을 제시하며, 타인의 의견도 존중함으로써 자율적인 학급 풍토 조성에 기여하는 학생으로 창의적으로 문제를 해결하는 모습이 돋보임. 배드민턴 동아리 활동을 적극적으로 하는 학생으로 점심시간 배드민턴 경기를 주도하여 급우들의 체력 증진에 기여함. 자신만의 시간 관리 노트를 만들어 당일에 해결하지 못한 일은 다음 날의 시간 관리 계획에 넣어 자신을 제어하고 관리하는 능력을 보여줌. 일률적으로 해야 하는 과제나 반복학습에는 흥미가 낮은 반면, 학습 과제를 자신만의 흥미로운 방식으로 스스로 찾아내어 수행하는 것을 좋아함. 또한 전체적으로 통찰하고, 그 의미를 분석, 조합하는 학습을 선호함. 영리하고 이해력이 뛰어난 학생이기 때문에 조금 더 스스로를 절제하고 세심한 면을 키운다면 학업과 생활태도 면에서 발전이 있을 것으로 기대함. (500)

행동특성 및 종합의견은 담임교사가 1년간 학생을 관찰하고 교사의 견해를 제시하는 항목으로 학생부의 마지막 항목이다. 추천서나 자기소개서가 없어진 상황에서 학생에 대한 정성적인 파악을 할 수 있는 중요한 항목이다.

하지만 학생부는 정보 공개가 되기 때문에 학부모들의 눈치를 보며 작성되느라 천편일률적이고 불필요한 미사여구로 포장된 경우가 많다.

예시를 평가해 보자. '유쾌하고 활동적이며 에너지가 넘치는 학생'이라고 되어 있다. 이 부분은 학생부 나머지 내용과 일관성이 있어야 한다. 다른 기록에서 '발표도 안 하고 소극적으로 임한' 내용이 있다면 거짓 기록으로 보일 가능성이 크다. '반복 학습에는 흥미가 낮은'이라는 다소 부정적인 표현은 행간을 읽어 보면 그만큼 창의적인 학습 활동에 적합하다는 뜻으로 오히려 긍정적인 해석이 가능하다. 기록자인 담임교사에 대한 신뢰를 높여 주는 대목이다.

결국 학생의 행동특성은 교사와 자주 소통하면서 관찰되어야 하며, 종합의견에서 좋은 평가를 받으려면 학생의 특성을 담임교사와 상의하면서 개선해 가는 과정이 있어야 한다. 교과 공부나 교우 관계 뿐 아니라 진로에 대한 고민과 정보도 담임교사와 소통하고 구체적으로 발전시켜야 한다. 성적이 낮으면 교과 성적 상승에 대한 소통이 중심이 되어야 하고, 성적이 상위권이면 자연스럽게 교우 관계나 진로에 대한 소통이 중심이 될 것이다. 성적이 중하위권인데 공부에 대한 소통은 없고 뜬구름 잡기식으로 진로나 미래에 대한 주관적 희망만 나열한다면 바람직하지 않은 기록일 것이다. 중하위권 학생이 대입을 전제로 진로를 생각한다면 가장 중요한 것은 기본적인 학업 역량을 갖추는 것이고 이를 위해 어떻게 노력했는지를 보여 줘야 한다.

학생부의 핵심은 성적 기록이고, 기재 내용에서 본인의 역량이 잘 드러나도록 교사와 충분하고 지속적인 소통을 해야 한다.

03

정시모집은 수능 성적 위주로 합격과 불합격을 나누는 대학 입시다. 수능은 매년 11월 3째주 목요일에 실시된다. 2017년 지진으로 1주일 연기, 2020년 코로나19로 연기된 것을 제외하면 거의 변동이 없다. 수시모집에 다양한 모집 방법이 있는 것과 달리 정시모집은 수능 성적 위주로 진행된다. 수능 성적표를 수령한 뒤 합격이 가능한 대학을 선정하고 가, 나, 다군으로 구분된 대학들에 지원한 다음 성적순으로 합격자 발표를 기다리면 그만이다. 일부 의약학계열에서 인성면접을 실시하나 당락에 영향을 주지는 않는다.

대학수학능력시험의 변천사

정시에서 유일한 절대 요소인 '수능'은 어떤 시험인지 알아보자. 대학수학능력시험(수능)은 1994년 전격적으로 시행되었다. 첫 수능은 교과서 암기 세대에게는 충격이었다. 교과서가 아닌 곳에서 시험이 출제되고 시험 내용도 통합 교과적이어서 적응하기 쉽지 않았다. 학교 수업으로 수능을 치르기는 어렵다는 여론이 형성되었고, 재학생 수능 학원이 번창하면서 강남이 수능 학원의 메카로 성장하는 출발점이 되었다.

하지만 IMF를 거치면서 수능은 사교육비 부담의 주범으로 지목되어 다시 학력고사처럼 변하게 된다. 사교육을 견제하기 위해 EBS 강의에서 출제하는 방식이 도입되면서 학력고사처럼 EBS 교재가 수능 국정 교과서로 자리매김하게 되었다. 시험 과목도 많이 축소되고 성적 산출 방식도 변화했다. 수시모집이 77%까지 증가하고 학종이 유행하면서 한동안 수능은 일부 재수생과 최상위권만 응시하는 시험으로 영향력이 축소되었다.

그러다 2019년 11월 공정성 강화 방안 발표에서 서울 주요 16개 대학 정시 비율 40% 확대가 발표된 이래 과거의 영광을 되찾아가고 있다. 하지만 여전히 수시 비중이 70%를 상회하고, 대부분 수능 최저 학력 기준이 없거나 있다 해도 매우 낮은 대학들이 많아서 중하위권 학생들에게 수능은 사실상 의미 없는 시험이 되었다.

수능의 구성

영역 구분		문항 수	문항 유형	배점 문항	배점 전체	시험 시간	출제 범위(선택과목)
국어		45	5지선다형	2,3	100점	80분	• 공통과목 : 독서, 문학 • 선택과목(택 1) : 화법과 작문, 언어와 매체 • 공통 75%, 선택 25% 내외
수학		30	5지선다형, 단답형	2,3,4	100점	100분	• 공통과목 : 수학 I , 수학 II • 선택과목(택 1) : 확률과 통계, 미적분, 기하 • 공통 75%, 선택 25% 내외 • 단답형 30% 출제
영어		45	5지선다형 (듣기 17문항)	2,3	100점	70분	영어 I , 영어 II 를 바탕으로 다양한 소재의 지문과 자료를 활용하여 출제
한국사 (필수)		20	5지선다형	2,3	50점	30분	한국사를 바탕으로 우리 역사에 대한 기본 소양을 평가하기 위한 핵심 내용 중심으로 출제 • 모든 수험생 응시
탐구 (택 1)	사회 탐구	과목당 20	5지선다형	2,3	과목당 50점	과목당 30분	생활과 윤리, 윤리와 사상, 한국지리, 세계지리, 동아시아사, 세계사, 경제, 정치와 법, 사회·문화, 물리학 I , 화학 I , 생명과학 I , 지구과학 I , 물리
	과학 탐구	과목당 20	5지선다형	2,3	과목당 50점	과목당 30분	학 II , 화학 II , 생명과학 II , 지구과학 II **17개 과목 중 최대 택 2**
	직업 탐구	과목당 20	5지선다형	2,3	과목당 50점	과목당 30분	**1과목 선택** : 농업 기초 기술, 공업 일반, 상업 경 제, 수산·해운 산업의 기초, 인간 발달 중 택 1 **2과목 선택** : 위 5개 과목 중 택1+성공적인 직업 생활
제2외국어/ 한문		과목당 30	5지선다형	1,2	과목당 50점	과목당 40분	독일어 I , 프랑스어 I , 스페인어 I , 중국어 I , 일본 어 I , 러시아어 I , 아랍어 I , 베트남어 I , 한문 I **9개 과목 중 택 1**

수능 과목은 1교시 <국어>, 2교시 <수학>, 3교시 <영어>, 4교시 <한국사>와 <탐구(사회/과학)>, 5교시 <제2외국어> 또는 <한문>으로 구성된다. 이 중 <국어>, <수학>, <탐구>는 상대평가 과목이고 그 외에는 절대평가 과목이다.

절대평가 과목인 <영어>는 90점 이상이 1등급, 80점 이상 2등급, 70점 이상 3등급, 60점 이상 4등급, 50점 이상 5등급, 40점 이상 6등급, 30점 이상 7등급, 20점 이상 8등급이고 19점 이하는 9등급으로 구분된다. <한국사>와 <제2외국어> 또는 <한문>은 50점이 만점이지만 등급 구분 점수가 다르다.

수능 절대평가 과목의 등급 분할 원점수

등급	과목	1	2	3	4	5	6	7	8	9
분할 기준 (원점수)	한국사	50~40	39~35	34~30	29~25	24~20	19~15	14~10	9~5	4~0
	영어	100~90	89~80	79~70	69~60	59~50	49~40	39~30	29~20	19~0
	제2외국어/한문	50~45	44~40	39~35	34~30	29~25	24~20	19~15	14~10	9~0

절대평가 과목은 감점 방식으로 반영된다. <영어> 2등급 3점 감점, 한국사 4등급 1점 감점, <제2외국어> 3등급 1점 감점 등으로 감점시킨다. 대부분 <한국사>는 3등급까지는 감점이 없다. 기본 응시 과목이기는 하나 당락에는 별로 영향이 없다. <영어>가 <한국사>나 <제2외국어>에 비해 등급별 감점이 큰 편이긴 하나 나머지 상대평가 과목에 비해 변별력이 크지 않다.

① 국어

<국어>는 1교시에 치러지고 난이도도 만만치 않아서 요즘 수능 학습의 핵심 과목이 되었다. 80분에 45문항이 출제되고, 문제만으로 구성된 것이 아니라 지문이라는 읽을거리를 읽고 문제를 풀어야 한다. 지문은 보통 문학 파트에서 4세트, 독서(비문학) 파트에서 3세트가 나온다. <국어>의 성패는 주어진 시간에 지문을 정확히 읽어 내는 능력에 달려 있다. 독해가 가장 중요한 득점 포인트다. 2021학년도 수능 국어는 100점 만점에 평균이 59점이고

1등급 점수가 88점이었다. 이과 <수학>이 평균 57점에 1등급 구분 점수가 92점이었다는 것을 고려하면 <수학>보다 변별력이 있었다는 의미다. 2022 학년도에는 <화법과 작문> 또는 <언어와 매체>가 선택과목으로 구분되어 둘 중에 하나만 선택해서 응시하면 된다. 기존에 두 과목을 모두 준비해야 했던 것과 비교하면 범위는 약간 축소되었다.

② 수학

<수학>은 2교시에 치른다. 100분의 시험 시간이 주어지고 30문항이 출제된다. 공통 과목인 <수학Ⅰ>과 <수학Ⅱ>에서 22문항이 출제되고 선택 과목인 <기하>, <미적분>, <확률과 통계>에서 8문항이 출제된다. 선택 과목은 문과계열 학생이 <확률과 통계>를 선택하고 이과계열 학생이 <기하>나 <미적분> 중에서 하나를 선택한다. 주요 대학들이 이과 학생들의 응시 조건으로 <기하>나 <미적분> 중에 하나를 내걸었기 때문이다. 최근 실시된 2021년 3월 서울시 교육청 모의고사를 분석해 보면 <확률과 통계> 선택자 비율이 60.53%이고 <미적분>이 33.65%, <기하>가 5.82%였다. 관건은 수능 수학에서 문·이과가 통합되어서 성적이 산출된다는 데에 있다. 정시모집에서는 지원한 학과 내에서 경쟁하기 때문에 어차피 문과 학과들은 <확률과 통계>를 선택한 학생들끼리 점수 경쟁을 하므로 <확률과 통계>를 선택한 학생들이 나머지 선택자들에 비해 점수가 낮더라도 문제될 것이 없다. <확률과 통계> 선택자 중에 1등급이나 2등급 학생이 <기하>나 <미적분> 선택자에 비해 현저히 적기 때문이다.

사실 수능에서 <수학>이 문·이과 통합이 되면서 문제가 되는 것은 정시모집이다. 정시모집에서 이과 학생들은 문과로 교차지원이 가능하다. <수학>

에서 문과 학생들에 비해 10점 이상 높은 점수를 받을 가능성이 있는 이과 학생이 유리해진 것이다. 그러면 건국대나 동국대 진학하려는 이과 학생이 서성한 문과계열에 합격이 가능한 사태가 벌어질 가능성이 높다. 심지어 연고대를 노려볼 여지도 생긴다. 정시모집에서 이과 학생들이 문과로 대거 진학하면 문과 학생들이 상위권 대학에 진학할 기회는 그만큼 줄어들게 되는 또 다른 역효과가 생긴다.

③ 사회탐구/과학탐구

탐구 과목은 4교시에 실시된다. 사회 9과목과 과학 8과목 중 2과목을 선택해서 응시한다. 사실 이과계열 대학들이 과학 2과목 응시를 규정하고 있어서 문과=사회, 이과=과학의 공식이 깨지기는 어렵다. 탐구 과목 선택을 빨리할수록 수능에 유리하다.

2021학년도 수능 사회/과학탐구 과목별 응시 인원

사회탐구		과학탐구	
과목명	인원(명)	과목명	인원(명)
생활과 윤리	129,937	생명과학 I	117,487
사회·문화	124,711	지구과학 I	116,729
한국지리	44,832	화학 I	71,815
세계지리	35,186	물리학 I	53,286
윤리와 사상	29,063	생명과학 II	6,585
동아시아사	24,423	지구과학 II	4,056
정치와 법	23,382	화학 II	2,984
세계사	19,055	물리학 II	2,796
경제	5,076	-	-

2021학년도 탐구 과목별 응시자 현황을 보면, 사회탐구에서는 <생활과 윤리>(129,937명)와 <사회·문화>(124,711명)를 가장 많이 선택하는 것을 알 수 있다. 과학탐구에서는 <생명과학Ⅰ>이 117,487명이고 다음으로 <지구과학Ⅰ>이 116,729명으로 뒤를 잇는다. 과학탐구에서 Ⅱ과목들을 선택한 학생은 아주 적다. 수능은 수시 학종에서와 같이 전공을 고려할 필요가 없으므로 공부하기 쉽고 상대적으로 등급 획득에 유리한 과목으로 쏠림 현상이 두드러진다.

웅쌤의 핫클립

수능에 대비하는 과목별 전략
① 국어 : 독해가 가장 중요한 득점 포인트다.
② 수학 : 문·이과 통합으로 인한 등급을 비교한다.
③ 탐구 : 공부하기 쉽고 등급 획득 유리한 과목을 선택한다.

수능 성적표 미리보기

2022학년도 수능 성적표 양식

수험번호	성 명		생년월일	성별	출신고교 (반 또는 졸업연도)		
영역	한국사	국어	수학	영어	탐구		제2외국어/한문
선택과목		화법과 작문	확률과 통계		생활과 윤리	지구과학 I	독일어 I
표준점수							
백분위							
등급							

　수능 성적표에는 원점수가 표기되지 않는다. 대신 표준점수와 백분위 그리고 등급이 표기된다. 이 성적표에 기록된 내용만 대학 입시에 활용된다. 수시에서는 주로 등급이 활용되고 정시에서는 표준점수나 백분위가 활용된다.

수능 최저 학력 기준

　수시모집에는 수능 최저 학력 기준이 있다. 대학별로 정해 놓은 수능 성적의 하한선이다. 학교생활기록부나 논술 등에서 최고 점수를 받더라도 각 대학에서 설정한 수준 이상의 수능 점수를 얻지 못하면 탈락하게 된다. 수시모집에서 수능 최저 학력 기준으로 활용하는 등급을 예시를 통해 확인해 보자.

2022학년도 주요대학 수능 최저 학력 기준

대학	전형	모집 인원	전형 방법	진로선택 과목	수능 최저
가천대	학생부우수자	381	교과100	반영	2합6
가톨릭대	지역균형	232	교과100	미반영	2합6(자연7)
건국대	지역균형	445	교과100	반영	2합4,(자연5)한5
경기대	성적우수자	325	교과90+출결10	반영	2합7(탐1),한6
경기대	학교장추천	315	교과90+출결10	반영	2합7(탐1),한6
경희대	고교연계	544	교과80+출결10+봉사10	반영	2합5,한5
고려대	학교추천	839	교과80+서류20	반영	3합5한3,자연3합6한4
국민대	성적우수자	386	교과100	미반영	2합5(자6)
단국대(죽전)	지역균형	261	교과100	미반영	2합6
단국대(천안)	교과우수자	703	교과100	미반영	2합7
덕성여대	학생부100%	155	교과100	미반영	2합7(약3합6)
동덕여대	교과우수자	435	교과100	미반영	2합7(약2합4)
삼육대	교과우수자	251	교과100	미반영	2합6(약3합5)
상명대	학생부교과	233	교과100	반영	2합7
서강대	학교장추천	172	교과90+출석10	반영	3합6,한4
서울과기대	학생부교과	412	교과100	반영	2합6
서울시립대	지역균형	192	교과100	미반영	3합7
서울여대	교과우수자	172	교과100	미반영	2합7(영포5)
성균관대	학교장추천	361	교과100	반영	2합5,영3,한4
성신여대	지역균형	224	교과90+출석10	미반영	2합7
숙명여대	지역균형	243	교과100	반영	2합5(탐1)
숭실대	지역균형	474	교과100	반영	2합6(자7)
아주대	지역균형	235	교과100	미반영	2합4
인하대	지역추천	385	교과100	반영	2합5한필
중앙대	지역균형	90	교과70+출봉30	반영	2합6,한4
중앙대	지역균형	411	교과70+출봉30	반영	3합6(자7)한4
한국외대	학교장추천	200	교과90+출봉10	미반영	2합4,한4
한국항공대	성적우수자	229	교과100	미반영	2합6/일부2합5
한성대	교과1	343	교과100	반영	2합7(야8)
한양대(에리카)	지역균형	301	교과100	반영	2합6
홍익대	학과장추천	237	교과100	반영	3합7(자8),한4

표에서 국민대 성적우수자 전형은 교과 성적만 100%를 반영하는 교과전형이다. 그런데 수능 최저 학력 기준이 적용된다. 수능최저 란에 '2합5(자6)'이라고 적혀 있다. 해석하면 국어, 수학, 영어, 탐구 등 4개 과목 중에 잘 본 과목 2개 등급의 합이 5등급이라는 의미다. '자6'은 이과계열 학과는 2개 합이 6등급까지가 최저 기준이라는 뜻이다. 현재 가장 높은 수능 최저 학력 기준을 요구하는 대학은 의대들이다. 대부분 의대들은 수능 최저 학력 기준으로 '4과목 중에 3과목 1등급'을 요구하고 있다. 의대를 제외한 나머지 학과들을 기준으로 가장 높은 수능 최저 학력 기준을 요구하는 대학은 고려대다. 고려대 학교추천전형의 경우 교과 성적이 80% 반영되는 교과전형이다. 문과계열 학과는 4개 과목 중에 잘 본 과목 3과목의 등급 합이 5등급이어야 한다. 적어도 한 과목은 1등급이 있어야 한다. 거기에 한국사 3등급을 받아야 한다. 만약 모든 과목이 1등급이어도 한국사가 4등급이면 불합격이다. 고려대 이과계열 학과는 잘 본 3과목의 등급 합이 6등급이고 한국사는 4등급 이상 받아야 한다. 고려대 학교장추천 전형은 고등학교에서 내신 최상위권만 지원하는 전형이니 이 정도의 수능 최저 학력 기준이 무리한 요구는 아니다. 그래서 수시 준비를 하는 학생이라도 수능 최저 학력 기준을 맞추기 위한 최소한의 수능 학습을 게을리해서는 안 된다.

정시모집에서 수능 성적 활용

정시에서는 수시와 달리 표준점수와 백분위가 주로 활용된다. 80쪽의 용어와 공식을 리마인드해 보자.

- **표준점수** : 원점수 100점 만점인 성적을 평균 100점으로 하고 표준편차를 20으로 해서 시험의 난이도와 분포에 따른 상대적 성적을 반영한 점수다. 국어, 수학, 영어의 만점은 200점이고 탐구와 제2외국어의 만점은 100점이다.

- **표준점수 = 20 × Z + 100 (탐구와 제2외국어는 10 × Z + 50)**

- **Z점수 = (원점수 - 평균) / 표준편차**

- **변환표준점수** : 선택과목은 난이도가 달라서 점수 불평등이 생길 수 있다. 이를 해소하고자 그 과목에서 상대적인 위치인 백분위로 표준점수를 보정해 주는 점수이다.

- **변환표준점수 실제 활용 사례** : 원점수 50점 만점일 때 표준점수가 <경제>는 69점에 백분위가 99%이고, <세계지리>는 63점에 백분위가 97%이다. 원점수로 동일한 만점이지만 <세계지리>의 난이도가 쉬워서 만점짜리 동점자가 많았다. 그래서 동일한 원점수 50점 만점이지만 표준점수로는 <경제> 선택자가 무려 6점이나 이득을 보게 된다. 백분위로는 2% 차이가 난다. <세계지리> 선택자의 불이익을 보정해 주고자 아래와 같은 변환표준점수를 적용해 보면 <경제> 만점자의 백분위는 99%이므로 65.11점이고 <세계지리> 만점자는 97%이니 64.84%이다. 실제 점수 차이는 0.24점으로 좁혀진다.

인문계열(사탐/제2외/한) 예시	
백분위	변환표준점수
100	65.11
99	65.08
98	64.96
97	64.84

이제 실제 대학별 수능 점수 활용 방법에 적용해 보자.

서울대, 연세대, 고려대 인문사회계열의 수능 성적 계산 예시

대학	총점	반영 지표	수능 반영 영역					탐·과 목·수	한국사	비고
			국	수	영	사	과			
서울대	-	표준점수 변환표준점수	200	240	총점 감점	160		2	총점 감점	제2외국어 : 3등급부터 0.5점씩 감점
연세대	1000	표준점수 변환표준점수	200	200	100	100		2	가산 10	총점 × 1000/600
고려대	560	표준점수 변환표준점수	200	200	총점 감점	160		2	가산 10	-

① 표준점수 활용

표에서 알 수 있듯이 서울대, 연세대, 고려대 인문사회계열에서 <국어> 점수는 동일하게 표준점수를 활용한다. 하지만 <수학> 성적 반영시 서울대는 200점 만점인 표준점수에 20%의 가산점을 준다. 그래서 연세대와 고려대는 200점 만점이지만 서울대는 240점 만점이 된다. 만약 표준점수 120점을 받은 학생이라면 연세대와 고려대에서는 120점으로 계산하지만 서울대의 경우 120점의 20%인 24점을 가산점으로 받게 된다. 서울대 점수는 120점 +24점인 144점이 된다.

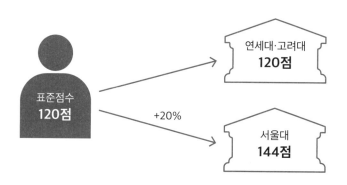

② 변환표준점수 활용

반면 <사회탐구>의 점수는 서울대, 연세대, 고려대 모두 표준점수가 아니라 변환표준점수를 반영한다. 한 학생이 <사회탐구>에서 두 과목 모두 97%의 성적을 받았다면 한 과목당 변환표준점수로 64.84점을 받게 된다. 그러면 129.68점을 받는 것이다. 그런데 서울대와 고려대는 이 점수를 80%로 축소해서 반영한다. 그래서 실제 점수는 103.75점이다. 연세대는 <사회탐구> 반영 비율이 50%이다. 그러니까 64.84점만 반영된다. 그래서 같은 학생의 점수가 서울대, 연세대, 고려대 점수로 환산하면 모두 다른 점수를 받게 되는 것이다. 그리고 이 대학별 환산점수로 합격생을 결정한다. 따라서 반영 비율에 따른 유불리를 계산해야 한다. 서울대는 <수학>을 잘 본 학생이 유리하고 연세대는 <사회> 성적을 상대적으로 덜 반영하기 때문에 <국어>와 <수학> 성적은 잘 받고 <사회> 성적이 좀 낮은 학생에게 유리한 결과가 나왔다.

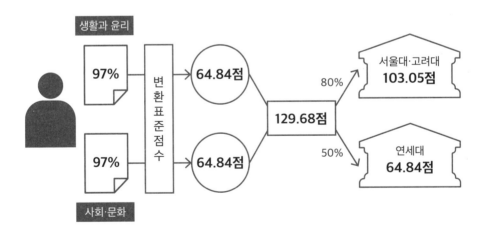

③ 절대평가 감점

절대평가 과목 중에 비중이 가장 큰 과목은 <영어>다. <영어>는 원점수가 90점을 넘으면 1등급이고 80점 이상이면 2등급이다. <영어>를 2등급 받게 되면 대학마다 감점 당하는 점수가 달라진다.

서울대, 연세대, 고려대 수능 영어 등급별 감점 예시

대학	적용 방식	등급									비고
		1	2	3	4	5	6	7	8	9	
서울대	총점 감점	0	0.5	2.0	4.0	6.0	8.0	10.0	12.0	14.0	등급별 감점
연세대	합산	100	95	87.5	75	60	40	25	12.5	5	-
고려대	총점 감점	0	3	6	9	12	15	18	21	24	등급별 감점

서울대는 <영어> 2등급 감점이 0.5점이다. 3등급이 되면 2점을 감점한다. 사실상 서울대 지원자 중에 3등급 받는 학생은 거의 없으므로 서울대 정시 모집에서 <영어>의 변별력은 거의 없다고 생각하면 된다. 반면 연세대는 1등급이 100점을 받는데 2등급이 95점을 받으니 5점의 감점이 있는 셈이다. 총점에서 5점이 감점되는 것이다. 국어 표준점수 5점과 동일한 배점이다. <국어> 점수로 2점짜리와 3점짜리 각각 1문제씩 틀린 효과가 난다. 고려대는 2등급 감점이 서울대와 연세대 중간인 3점이다. <영어> 2등급인 학생은 연세대보다 고려대에 지원하는 것이 유리하다. 그런데 <영어> 1등급은 90점 이상이어서 실제 1등급 받는 학생 비율은 6~8%인 경우가 많다. 그리고 감점도 연세대처럼 5점 이상인 경우가 거의 없다. 수능에서 <영어>의 영향력이 많이 감소했음을 알 수 있다. <한국사>는 등급별 감점 점수도 작고 감점이 이루어지는 등급 구간도 4등급부터여서 대세에 영향을 주지는 않는다.

④ 문·이과별 가산점 부여

이과의 경우 <수학>과 <과학>의 반영 비율이 문과와 다르다.

서울대, 연세대, 고려대 이과 수능 과목별 반영 예시

대학	총점	반영 지표	수능 반영 영역				탐과 목수	한국사	비고
			국	수	영	과			
서울대	-	표변	200	240	총점 감점	160	2	총점 감점	과탐Ⅱ 가중치 - 폐지
연세대	1000	표변	200	300	100	300	2	가산 10	점수합 × 1000/900
고려대	640	표변	200	240	총점 감점	200	2	가산 10	-

<수학>은 서울대는 문과와 동일하게 20% 가산점을 주고, 고려대는 문과
에는 없던 가산점을 이과만 20%를 부여한다. 연세대는 가산점이 50%이다.
서울대나 고려대보다 <수학>의 비중을 더 높게 인정하고 있다. <과학>은 서
울대는 문과 <사회>와 동일하게 80%의 가치만 인정한다. 하지만 고려대는
<국어>와 같이 100%의 가치를 인정하고 연세대는 서울대와는 반대로 <수학>
처럼 50%의 가산점을 부여한다. <영어>와 <한국사>의 감점도 적용된다.
고려대만 <한국사>에서 문과와 이과의 차이를 인정하고 있다. 나머지는 동
일한 감점을 실시한다.

이과의 경우 <수학>과 <과학>을 잘 본 학생은 연세대가 유리하고 <국어>
가 강한 학생은 서울대와 고려대에 더 유리하다. <탐구>는 서울대에는 영향
력이 크지 않고 연세대에서는 당락의 주요 요소가 된다.

정시모집의 수능 반영 방법은 대학마다 모두 다르기 때문에 모두 알 필요
는 없고 미리 아는 것도 불가능하다. 대략적인 특징만 알아두면 된다. 문과
는 <수학>과 <국어>가 당락을 좌우하는 주요 과목이고, 이과는 <국어>, <수

학>, <과학> 3과목 모두 중요도가 높다는 점을 기억하자. <영어>와 <한국사>는 상대적으로 당락에 영향을 덜 끼친다.

문과는 수학과 국어가 당락을 좌우하고, 이과는 국어, 수학, 과학 3과목 모두 중요도가 높다.

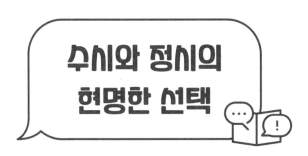

수능 과목과 내신 과목의 상관관계

수능 과목은 내신 과목 중의 일부다. 포함 관계로 보면 내신 과목이 수능 과목을 포함하고 있다. 국어에서 <문학과 독서>는 필수 과목이지만 <화법과 작문>이나 <언어와 매체> 중 하나만 수능에 응시하게 되므로, 둘 중 하나는 내신 과목이면서도 수능에서는 안 보는 과목이다. 또한 내신 국어 중에서도 고1 때 배우는 <국어> 과목이 별도로 있고 고3 때 진로선택 과목에서 <고전탐구>나 <심화국어> 등 다양한 과목을 더 배우게 된다.

수학에서 <수학Ⅰ>과 <수학Ⅱ>는 수능 과목이자 내신 과목이지만, 고1 때 배우는 <수학(상)>과 <수학(하)>는 수능 과목이 아니다. 또한 이과 학생에

게 <확률과 통계>는 내신 과목이지만 수능 과목은 아니다. <미적분>을 선택한 이과 학생에게 <기하>는 내신 과목이지만 수능 과목은 아니다. 그 반대로 선택한 경우도 마찬가지다. 진로선택과목인 <심화수학>이나 <고급수학>, <경제수학>, <수학문제탐구> 등의 과목은 내신 과목이지만 수능 과목이 아니다.

문·이과 학생 모두 <사회>나 <과학>에서 8과목 정도 내신 과목을 배우지만 수능에서는 두 과목만 선택하면 된다.

그렇다면 '내신을 잘하면 수능도 잘할 수 있다'는 명제는 사실일까? 사실이기도 하고 사실이 아니기도 하다. 내신 과목과 수능 과목이 일치하는 과목은 내신을 잘하면 수능도 잘하겠지만, 내신 과목인데 수능 과목이 아닌 경우는 오히려 내신을 잘하는 것이 수능에 방해가 되기도 한다. 한정된 시간 내에 내신을 위해 <확률과 통계>를 공부한 학생은 수능 과목인 <미적분> 공부에 더 투자한 학생에게 수능에서는 밀릴 수도 있다. 이런 현상을 '고등 내신의 딜레마'라고 한다. 흔히 '재수생들이 고3 재학생보다 수능 성적이 더 잘나온다.'는 속설이 있다. 가장 큰 이유는 내신 신경 쓰지 않고 수능에만 올인하기 때문이다. 7~8과목 내신까지 챙기면서 수능도 공부해야 하는 고3 재학생들보다 유리한 것은 자명한 이치다. 정시모집이 증가한 현실에서 내신도 잡고 수능도 잡아야 하는 고등학생에게 내신과 수능의 입시 전략은 현실적으로 가장 어려운 딜레마다.

내신, 비교과, 수능은 제로섬 게임

하루는 24시간이고 학생들이 공부에 할애하는 시간도 일정하다. 그 일정한 시간을 내신과 비교과, 그리고 수능 공부에 적절히 분배해야 한다. 전국의 모든 학생들이 동일하게 내신, 비교과, 수능에 시간을 쓴다면 누가 열심히 공부하느냐가 결정적 요소겠지만, 수능 경쟁에서는 내신과 비교과를 포기하고 수능 공부에만 올인한 학생이 내신, 비교과, 수능을 골고루 공부한 학생을 이길 가능성이 높다. 반면 수능 공부를 포기하고 내신에만 올인한 학생은 당연히 내신에서 유리할 수 있다. 저마다 내신, 비교과, 수능을 공부하는 비율에서 차이가 생긴다. 그래서 열심히 공부하고도 입시에 실패하는 일이 생기는 거다.

저조한 고1 내신 성적 때문에 목표한 대학에 진학하기 어려워진 고2 학생이 내신 성적을 올리겠다는 일념으로 수능 과목이 아닌 내신 과목에 올인한다면 수능 과목 공부 시간은 상대적으로 감소하게 된다. 그래서 내신을 일정 정도 상승시킨다고 해도 수능 기대 성적은 하락하게 된다. 이과 학생이 <확률과 통계> 내신에 시간을 할애하거나, 수능 과학으로 <생명과학Ⅰ>과 <지구과학Ⅰ>을 선택하려는 학생이 정작 내신용 학원에서 <물리학Ⅰ>과 <화학Ⅰ>을 수강하는 답답한 현상이 벌어지기도 한다.

대입정보포털 '어디가' 200% 활용하기

그래서 정확한 합격 가능 정보가 필요하다. 우선 고1 내신 성적으로 진학이 가능한 대학군을 어림할 수 있어야 한다. 고1 내신 성적이 나오면 그 점수로 내가 목표로 정한 대학에 진학 가능한 수준인지 확인해야 한다. 확인하는 방법은 몇 가지가 있다. 가장 신뢰도가 높은 것은 대교협에서 제공하는 대입 정보포털 '어디가(www.adiga.kr)'를 활용하는 것이다. 대교협은 대학들이 모여서 대학 입시 관련 정책을 결정하고 집행하는 기관이다. 여기 모인 정보를 공개하는 홈페이지가 '어디가'다.

어디가 (www.adiga.kr) 메인화면

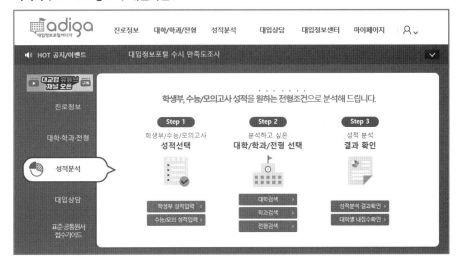

어디가 '대학별 입시정보' 메뉴

	진로정보	대학/학과/전형	성적분석	대입상담	대입정보센터	마이페이지
	직업정보	대학정보	학생부성적분석	이용안내	대입제도안내	관심대학/전형/진로
	직업심리검사	학과정보	수능성적분석	온라인대입상담	대입일정	일정관리
		전형정보	대학별성적분석	온라인전공상담	대입전략자료실	성적관리
				전화상담안내	대입소식	상담내역
				자주하는 질문	대학별 입시정보	신청/접수
				진로진학센터안내	대입박람회/설명회	대입원서 지원정보
					대학별 행사안내	회원정보
					관련사이트	입학도우미

어디가 홈페이지에서 대입정보센터 ⇨ 대학별 입시정보 ⇨ 전형 평가기준 및 결과공개 메뉴에 들어가면 우리나라 모든 대학이 가나다순으로 나열돼 있다. 대학 이름을 클릭하면 각 대학의 작년도 입시 결과가 나타난다. 화면 좌측 상단에 세 개의 결과가 보인다. '학생부종합전형', '학생부교과전형', '수능위주전형'이 그것이다. 학생부종합전형은 학종의 결과, 학생부교과전형은 학교장 추천이 필요한 교과전형 결과, 수능위주전형은 수능 100%로 진행된 정시 결과다.

① 학생부 종합전형 결과 분석 방법

학종 ⇨ 학생부종합전형 교과영역 평가방법 및 전년도 전형 결과를 클릭하면 다음과 같은 화면이 나타난다.

2021학년도 고려대 학종 전형 결과

모집단위	학교추천 II 전형				
	모집인원	경쟁률	충원인원	최종 등록자 학생부 교과성적 환산등급	
				50% cut	70% cut
경영대학	96	6.7	91	1.5X	1.8X
국어국문학과	16	6.5	18	1.6X	1.7X
철학과	12	5.9	16	1.7X	1.9X
한국사학과	7	5.4	8	1.8X	1.9X
사학과	13	5.5	11	1.5X	1.7X
심리학과	16	8.6	9	1.4X	1.4X
사회학과	22	8.1	19	1.4X	1.7X
한문학과	7	5.4	1	2.2X	2.3X
영어영문학과	30	4.4	13	1.7X	1.9X
독어독문학과	11	5.3	5	1.8X	1.9X
불어불문학과	11	4.7	5	1.9X	2.1X

결과 보는 방법을 알아보자. 우선 모집단위는 학과나 계열 등 모집하는 단위를 나타낸다. 경영대학은 단과대학인 경영대학 단위로 모집하고, 국어국문학과는 학과 단위로 모집한다는 뜻이다. 다음으로 모집인원은 수능 모집 중에 '학교추천Ⅱ전형'이란 이름으로 경영대학이 96명, 국어국문학과가 16명을 모집했다는 뜻이다. 경쟁률을 보면 경영대학은 6.7이다. 96명을 모집하는데 6.7배인 643명이 지원했다는 의미다. 여기까지는 어렵지 않다.

다음으로 나오는 충원 인원은 수시 합격의 묘미다. 충원 인원이 생기는 이유는 수시 지원이 6회 가능하기 때문이다. 고려대 경영대학에 지원한 학생들은 문과 계열에서는 최상위권 학생들이다. 그래서 서울대, 연세대와 동시에 지원하는 경우가 대부분이다. 전교권에 있는 최상위권 학생들은 서울대, 연세대, 고려대, 서강대, 성균관대, 한양대 등 6개 대학에 지원할 수 있다. 그리고 반드시 중복해서 합격하는 학생이 나오기 마련이다. 그런데 수시는 한 곳에만 등록이 가능하다. 만약 서울대와 고려대에 동시에 합격했다면 당연히 서울대에 등록할 것이고 고려대에는 결원이 발생하게 된다. 고려대 입장에서는 이 결원을 충원해야 한다. 이런 충원은 수시에서는 3회에 걸쳐서 행해진다. 고려대 경영대학은 충원 인원이 91명이다. 3회 충원에 91명이 추가로 고려대 경영대학에 합격하는 것이다. 결론적으로 고려대 경영대학에는 643명이 지원해서 최종 187명이 합격한 것이다. 실질 경쟁률은 '3.4 : 1'이다. 따라서 처음엔 불합격이어도 최종적으로 고려대에 합격할 수 있는 것이다.

다음 항목은 최종 등록자 학생부 교과 성적 환산등급인데, 50% cut와 70% cut가 있다. 여기서 최종 등록자는 처음 합격한 96등까지 학생의 성적이 아니라 최종 등록한 187등까지의 성적을 의미한다. 50% cut은 최종 등록자 187등까지의 성적 중에서 50%인 93등의 성적을 의미하고 70% cut은 187명 중 70%인 131등의 성적을 의미한다. 즉, 고려대 경영대학 학교장 추천 중 학종인 '학교추천Ⅱ전형'에 643명이 지원했고 최종 187등까지 합격했는데 이 187등까지의 합격생 중에 93등 학생의 교과 성적이 1.5X등급이고 131등 학생의 성적이 1.8X이다. (1.5X는 1.5등급부터 1.599등급 사이에 존재한다는 뜻이다.) 2022학년도부터는 학종으로 실시되던 학교추천 전형은 폐지되고 교과전형으로 합해졌다.

② 학생부 교과전형 결과 분석 방법

2021학년도 고려대 교과전형 결과

모집단위	학교추천Ⅰ전형					
	모집인원	경쟁률	충원인원	대학별 환산		최종 등록자 학생부 교과성적 70% cut (환산등급)
				환산점수 70% cut	최고점	
경영대학	35	3.4	27	99.39	100	1.2X
국어국문학과	6	3.2	3	98.85	100	1.4X
철학과	4	3	0	-	-	-
한국사학과	3	3.3	2	-	-	-
사학과	5	3.6	4	-	-	-
심리학과	6	6.3	7	99.5	100	1.2X
사회학과	8	5.6	8	99.52	100	1.2X
한문학과	3	2.7	0	-	-	-
영어영문학과	11	3.8	6	99.28	100	1.3X
독어독문학과	4	4	2	98.6	100	1.6X
불어불문학과	4	3.3	3	-	-	-

고려대의 학생부 교과전형 결과를 보자. 표를 보는 방법은 학종과 동일하다. 다만 교과전형의 경우 학종이 아니기 때문에 비교과 등의 다른 요소가 거의 없는 상태여서 결괏값이 더 정확하다. 학종의 경우 비교과로 인한 왜곡이 약간 있을 수 있다. 실제로 등급이 더 높은 학생이 떨어지기도 하고 등급

이 훨씬 낮은 학생이 합격하기도 한다. 하지만 교과전형은 교과 반영 비율이 높아서 비교과에 의한 변동은 거의 없다. 국어국문학과의 결과를 보면 교과전형으로 6명을 모집했는데 19명이 지원했다. 나중에 충원 인원이 3명 발생하여 최종적으로 9등까지 합격했다. 그리고 9명 중 70%에 해당하는 6등의 성적이 1.4등급에서 1.499등급 사이에 존재한다는 의미다. 그리고 대학별 환산점수가 보인다. 교과전형에는 교과 성적을 계산하는 공식이 있고, 그 결괏값이 대학별 환산점수인데 여기서 그 공식까지 알 필요는 없다.

③ 정시모집 결과 분석 방법

2021학년도 고려대 정시모집 결과

모집단위	모집인원	경쟁률	충원인원	최종 등록자 대학별 환산점수		최종 등록자 백분위 70% cut			
				70% cut	최고점(수능)	국어	수학	탐구	평균
경영대학	44	4.4	50	691.96	1000	97	100	93.55	97
국어국문학과	14	4.6	0	681.39	1000	97.9	98	92.95	96.75
철학과	12	3.7	2	681.85	1000	94.2	98.2	92.9	95.67
한국사학과	6	3.0	1	680.61	1000	98	97.5	94	96.92
사학과	11	3.2	1	680.12	1000	94.6	97.2	95.4	96.1
심리학과	12	3.7	1	680.75	1000	94.3	99	91.65	95.17
사회학과	19	4.1	4	682.49	1000	94	99	92.5	95.5
한문학과	3	7.7	0	-	-	-	-	-	-
영어영문학과	13	4.3	2	681.64	1000	94	99	92.5	96.02
독어독문학과	3	5.3	0	-	-	-	-	-	-
불어불문학과	7	2.5	1	680.27	1000	95	99	94	95.33

정시모집 결과는 수시모집과 달리 70% cut을 백분위로 발표한다. 표준점수는 해마다 바뀌기 때문에 백분위로 발표하는 것이 합리적이다. 고등학생

들은 자신의 모의고사 백분위로 고려대 진학 가능성을 확인해 볼 수 있다. 표에 따르면 고려대 철학과의 경우 12명을 모집하는데 3.7배인 44명이 지원했다. 충원 인원은 없었기 때문에 12등까지 합격했다. 그리고 합격한 12명 중에 70%인 8등 학생의 수능 성적이 <국어>는 94.2%, <수학>은 98.2%, <사회탐구> 2과목의 평균 백분위는 92.9%였음을 알 수 있다. <국어>는 2등급 상위권 <수학>은 1등급 중간, <사회탐구>는 2등급 중간 정도의 학생이 고려대 철학과에 8등으로 합격한 것이다.

1학년 내신 성적이 3.3등급이고 수능 모의고사 등급이 1등급과 2등급이 섞여 있는 학생이라면 수시로 고려대 합격은 불가능하지만, 정시로 고려대 합격은 가능성이 있다고 판단할 수 있다. 그럼 당연히 고2 학습의 방향이 내신 성적보다는 수능 성적의 유지 및 상승에 있어야 한다. 효율적인 학습으로 시간을 아껴서 고2 내신 과목 중에 수능에 나오는 과목 중심으로 시간을 배분해야 한다.

웅쌤의 핫클립

- 대입은 여러 가지 점수 계산과 복잡한 조합으로 치밀한 전략이 필요하다.
- 중학생은 계산법을 디테일하게 외울 필요는 없고 이런 전형이 있음을 대략 파악하기만 하면 된다.
- 자신의 성적에서 강점과 약점을 빨리 캐치해서 그에 맞는 목표 대학과 전략을 만드는 게 중요하다.

3장

단계별
골든타임을 잡아라

초등학교 : 루틴으로 기본기 완성

초등 저학년 : 공부 그릇 키우기

초등학교 저학년은 공부의 그릇을 키우는 시기이다. 한 번에 처리할 수 있는 공부 그릇의 크기를 키워야 한다. 공부 그릇이 500 mL라면 100 L의 학습량을 처리하기 위해 200번을 반복해야 한다. 하지만 공부 그릇이 5 L라면 20번만 처리하면 된다. 바로 전교 1등과 반에서 중간 정도 하는 학생의 차이다. 동시에 감당이 가능한 단원이 1개냐 아니면 10개냐의 차이다. 공부 그릇을 키우려면 흘러넘칠 때까지 기다려야 한다. 그릇에 물이 반도 차지 않았는데 자꾸 재촉한다고 해서 그릇이 커지지 않는다. 초등 저학년 때 암기 위주 반복이나 학습의 속도만을 강조하면 공부 그릇을 키울 수가 없다. 하나라도 제대로 이해하고 이렇게 이해한 것을 바탕으로 다음 것을 생각할 기회를 가져야 한다. 이를테면 동화 <백설공주>의 결론만 알고 그치는 것이 아니라 백설공주의 입장도 되어 보고 마녀의 처지도 되어 봐야 한다. 이런 다양한 생각할 기회를 가져 공부 그릇이 커지면 다음에 <신데렐라>나 <콩쥐팥쥐전>을 읽을 때 이를 적용하고 활용할 수 있는 것이다.

초등학교 교육은 크게 두 가지로 구분한다. 언어영역과 수리영역이다. 언어영역의 핵심은 듣고, 읽고, 이해하기와 이해한 내용을 말이나 글(그림 포함)로 표현하는 것이다. 스스로 듣거나 읽고 이해해야 한다. 강요하거나 모범 답안을 주어서는 안 된다. 기다려 줘야 한다. 수리영역은 수학과 과학이다. 수를 체험하고 연산의 의미를 이해해야 한다. 공식을 쥐여 주거나 반복으로 숙달하는 것을 위주로 해서는 안 된다. 과학의 경우 경험이 최고다. 눈이 보배인 시기이므로 눈으로 보고, 만지고, 듣고, 경험해야 한다. 천문대, 식물원, 동물원을 구경하는 등 체험 학습이 최고의 방법이다.

굳이 사교육을 활용한다면 체험학습과 사고력 위주의 사교육을 선택한다. 언어영역은 독서, 글쓰기, 통합국어(읽고, 보고, 듣고, 이해해서 발표하고, 글로 쓰고, 토론하는 것을 동시에 진행하는 방식) 등이 좋고 수리영역은 사고력 수학, 체험 과학 등이 좋다. 그리고 너무 자주 하기보다는 주 1회 정도가 적당하다. 이 시기에는 언어영역과 수리영역의 학습량을 균형 있게 맞추는 것이 중요하다. 이때 생기는 불균형은 만회하기 어렵다. 싫어하는 것을 억지로 시키지 말아야 한다. 아이들에게 학습을 권할 수 있는 것은 아이가 흥미 있어 하는 것, 흥미는 없지만 필요하다고 본인이 인정하는 것, 싫지만 부모님의 설득으로 도전해 봐야겠다고 생각하는 것 정도이다. 그냥 싫어하는 것은 강제로 시키지 말고 흥미를 유발하거나 꾸준히 대화하고 설득해야 한다. 그리고 시간 여유를 가지고 기다리는 것도 중요하다.

초등 4학년 : 공부 루틴 잡기

4학년이 되면 공부 그릇의 크기가 저학년만큼 커지지 않는다. 그리고 4학년부터는 학습량이 2배, 3배 이상으로 늘어난다. 이때 적응하지 못하면 중학교, 고등학교에 진학해서 공부량을 감당하기가 어려워 쉽게 포기하게 된다. 4학년은 공부 습관을 잡아야 하는 시기이다. 거의 모든 학생이 아직은 학습량을 감당하는 것이 가능하다. 공부 습관을 잡는다는 것은 공부의 루틴을 만드는 것이다.

① 수업 집중해서 듣기

가장 중요한 루틴은 '수업 집중해서 듣기'다. 수업이 진행되면 자동으로 수업에 집중하고 필요한 필기를 하고 수업에 참여해야 한다. 흔히 선행 학습을 많이 한 학생들이 이미 아는 내용이라고(사실 대부분은 안다고 착각하는) 수업에 집중하지 않는 경우가 있는데 공부 습관 형성에 매우 안 좋은 행동이다. 만약 아이가 학교 수업이 시시해서 못 듣겠다고 하면 학부모는 수업에 집중하는 것이 중요한 이유를 지속해서 설명하고 교정해 주어야 한다.

수업에 집중하는 것이 중요한 이유
  1. 모르는 것을 새로 배울 수 있다.
  2. 아는 내용을 가장 쉽게 다시 확인할 수 있다.
  3. 잘못 알고 있던 것을 수정할 수 있다.(학습 효과가 가장 큼)
  4. 전에 알던 것을 다시 기억해 낼 수 있다.
  5. 선생님이 중요하게 강조하는 것을 알 수 있다.

6. 복습 시간을 단축할 수 있다. 실제로 오늘 수업을 듣고 바로 복습하면 나중에 복습하는 것보다 시간 효율이 높아진다.

7. 시험 출제 가능성이 높은 내용을 감지할 수 있다.

8. 질문 타이밍이나 발표 타이밍을 잡는 감각을 키울 수 있다.

9. 듣고 이해하는 능력이 향상된다. 어떤 상황에서도 듣고 잘 이해하면 시험도 잘 보게 되고 어른이 돼서 성공 가능성도 커진다.

10. 주위 환경에 맞춰서 행동하는 사회적 지능을 키울 수 있다.

② 그날 배운 것은 그날 복습하기

두 번째 루틴은 그날 배운 것은 그날 복습하는 것이다. 초등학교 4학년이면 학습량이 당일 복습하기에 적절한 시기이다. 당일 배운 것을 짧게라도 반드시 복습하는 루틴이 만들어지면 사실상 상위권 대학 진학의 7부 능선에는 올라선 셈이다. 이때 복습한다며 모든 것을 다 외우거나 할 필요는 없다. 그냥 '오늘 뭐 배웠는지 확인하고 그 중에 중요한 3가지를 선별하기' 정도면 된다. 한 과목당 10분 정도면 충분하다. 40분 수업한 것을 10분 정도 복기하는 것이다. 예술이나 체육 시간을 제외하면 하루에 30~40분이 적당하다. 여기서 아이들의 효율성을 추구하는 본능이 발동한다. 복습 시간을 단축하기 위해 수업 시간에 중요한 3가지를 미리 생각하려 들 것이다. 수업 듣는 능력이 극대화되기 시작한다. 그러면 1과목 복습에 10분 걸리던 것이 5분으로 줄어들 것이다. 학습 능력이 향상된 것이다. 이때 학부모는 인정하고 칭찬해 줘야 한다. 여기서 '좀 더 해라.' '10분을 채워라.' 등의 강요를 했다가는 아이들은 더는 학습 효율성을 높이려 하지 않고 그냥 시간만 채우게 된다. 이렇게 자기 공부의 효율성을 높이는 것은 고등학교 진학 이후 많은 범위의 시험에 대비하는 데 매우 중요한 역량으로 작용한다. 그리고 이런 루틴은 '학교 수업에만' 적용해야 한다. 학원 등 사교육의 복습을 루틴에 적용하면 무리가 따른다. 아이 스스로 복습 루틴을 만들 기회를 빼앗는 것이다. 학원이나 과외 등의 사교육은 대부분은 선행 학습이므로 반드시 지금 모두 이해하고 복습해서 끝내야 할 필요는 없다. 선행 학습은 연습 경기, 학교 수업은 본 경기라는 점을 명심하자.

초등 5학년 : 완성도 높이기

초등학교 5학년은 4학년 때 만들어진 루틴을 잘 지키면서 효율도 조금 올랐을 시기이다. 루틴의 완성도를 높여야 한다. 다른 루틴을 추가할 필요는 없다. 5학년은 4학년보다는 선행 학습 부담이 증가한다. 학원 다니는 시간이 늘고 학원 과제량도 증가한다. 이때 학부모가 가장 신경 써야 할 것은 학원보다는 '학교'가 중요하다는 태도를 보이는 것이다. 학원 숙제보다 학교 숙제가 중요함을 강조하고, 학교 학습에 대한 루틴을 지키기에 무리한 사교육 계획은 피해야 한다. 5학년 즈음이 되면 수학경시 준비, 의대반 프로그램, 특목고 준비반 등 사교육의 유혹을 받게 된다. 이런 유혹에서 현명하게 판단해야 한다.

① 수학경시 준비는 시간 낭비

특히 수학경시 준비는 웬만하면 비추한다. 효용성을 따져볼 필요가 있다.

'학교생활이나 다른 과목 학습을 방해하지 않으면서 중1 때 동상 이상의 수상이 가능한가?'라는 기준으로 판단해야 한다. 중학교 수학경시에서 상을 받았다고 서울대 합격이 보장되는 것도 아니고 학생부에 기록할 수도 없어서 학종에 도움이 되지도 않는다. 더군다나 수능 범위가 아닌 것이 대부분이어서 수능 준비에 도움이 되는 것도 아니다. 오히려 수학에서 중요한 것은 내신 1등급과 수능 1등급이다. 만약 일정 수준이 돼서 수학경시를 하게 된다면 주 2회를 넘지 말 것을 권한다. 주 3회나 매일반과 같은 무리한 프로그램은 필요 없다.

영재학교를 목표로 하는 초등학생도 과하게 수학학원에 얽매여서는 오히려 영재학교 합격이 어렵다. 영재학교의 서류평가가 강화되고 시험에도 다양한 융합 문제가 출제되는 경향이어서 수학 하나만 잘해선 안 되고 과학이나 영어, 국어, 사회를 균형 있게 공부할 시간을 확보해야 한다. 더군다나 의대가 목표라면 안타깝게도 필패의 지름길로 가는 것이다. 의대는 국어, 영어, 수학, 과학, 사회 내신 1등급이 필요하다. 수학만 잘한다고 진학할 수 없다. 게다가 수능 최저 학력 기준을 맞춰야 하는데 국어나 영어 1등급은 꼭 필요하다. 그리고 수학경시에서 다루는 범위는 고등학교 내신이나 수능 범위가 아니다.

② 초5를 위한 의대반 프로그램은 무리수

그냥 수학 선행 프로그램일 가능성이 크다. 수학 선행 학습은 아무리 말려도 소용이 없어서 반대할 생각은 없다. 하지만 주 2회 이상의 무리한 프로그램은 피하자. 5학년이 수학만 주 3회 이상을 한다는 것은 학교생활에 문제를 일으키거나, 다른 과목과의 불균형을 초래할 가능성이 크다. 일단 이 두 가지는 의대 진학에 치명적인 약점이다. 어차피 의대 진학에 필요한 것은 내신에서 국어, 영어, 수학, 과학, 사회 등 5과목 1등급과 수능에서 국어, 수학, 영어, 과학탐구 등 4개 영역 중 최소 3개 영역 1등급이다. 주 3회 이상 수학에 '시간을 쓴다는 것은 국어나 영어에 소홀해지고 급기야 싫어하게 될 가능성이 커진다. 의대가 목표라면 수학과 국어는 반드시 세트로 묶어서 공부해야 한다. 그리고 학교 시험이 완벽하지 않으면 내신 1등급은 불가능하다. 앞서 습관으로 만든 루틴을 방해하면 안 된다.

③ 초5에 특목고 준비반은 부작용이 더 커

영재학교, 과학고를 제외하면 특목고는 없어질 가능성이 크다. 그러니 여기서는 영재학교나 과학고 준비반에 대해서만 다룬다. 영재학교 준비반을 초등 5학년 때 시작하는 경우는 없다. 학원가에는 '특목고를 준비하려면 초5에 선행을 해서 중등 과정을 마치고 초6 때 <수학(상)>과 <수학(하)>를 마치고 경시 준비반에 들어가야 한다.'라는 미신과 같은 소문이 돈다. 학생이 자발적으로 원한다면 단기적인 학습 목표로 작용해 도움되는 측면도 있다. 하지만 학교보다 학원을 중요하게 생각하면 내신 관리에 심각한 문제가 생긴다. 학교 공부를 하찮게 여기고, 학교 시험에서 틀린 것에 대한 반성도 안 하게 된다. 이런 습관이 고등학교로 이어지면 목표 대학, 목표 학과에 진학하기 어려워진다.

초등 6학년 : 선행에 조급하지 않기

초등 6학년은 본격적으로 중등 과정 선행 학습이 시작되는 시기이다. 중등 과정 선행 학습은 그 중요도에 비해 소홀히 취급되는 경향이 있다. 최근 교육과정을 보면 중학교 내용은 어려워지고 고등 과정은 쉬워지고 있다. 중등 과정 수학은 생각보다 어렵다. 중등 과학의 용어는 아직 언어 능력이 완성되지 않은 중학생에게 너무 생소하다. 영어는 문법을 처음 접하게 된다. 현재 입시 시스템에서는 중등 과정을 밀도 있게 공부하는 것이 필요한데 중등 사교육은 특목고 준비나 고등 선행 중심이고 게다가 초짜 강사를 배치하는 데가 많아서 주의해야 한다.

6학년이 중1 과정을 선행할 때는 기본 개념을 정확히 이해하고 중2 과정 선행 학습에 이런 개념을 활용하는 과정을 경험하면 좋다. 이때는 반드시 내가 진학할 중학교의 내신 기출문제로 해야 한다. 중등 과정을 선행하는 이유는 두 가지다. 첫째는 중학교 내신 100점을 받기 위해서이고, 둘째는 고등 과정 학습에 필요한 기본 개념을 익히는 것이다.

학원에서 중2 과정을 배웠는데 내가 진학할 중학교 내신을 완벽하게 소화하지 못하면 심각한 문제다. 이 때는 속도를 늦춰 중1 과정을 혼자서 차근차근 복습하거나 다른 과목 공부로 바꿔 보는 것이 좋다. 하지만 학원 프로그램의 오류이거나 초보 강사에 의한 문제일 수도 있으니 성취도가 낮게 나오면 반드시 학원에 상담을 요청하고 문제가 무엇인지 확인해야 한다.

초6은 선행에 너무 조급할 필요가 없다. 현행 입시 제도에선 중3 때까지 고1 과정만 완벽하게 정리하면 고등 내신이나 수능 학습에 문제가 없다. 다만 초4 때 만든 루틴이 깨지면 내신 등급 확보나 수능 학습에 지장이 생길 수 있다. 만약 초4에서 루틴이 만들어지지 않은 학생은 초6 때까지 만들어도 된다. 선행보다 학습 루틴이 더 중요함을 명심하자.

웅쌤의 핫클립

초등 공부는 '루틴'이 가장 중요하다.
루틴이 된 공부 습관 토대가 있어야 고등학교 때 대입 공부를 할 수 있다.

중학교 : 실력과 선발의 균형

중학생 유형별 진로 방향

중학교 시기는 사실상 대입을 결정짓는 가장 중요한 시기이다. 학생별 실력의 차이, 가치관의 차이, 성실함의 차이, 진도의 차이가 상당히 커서 단정적으로 말하기 어렵다. 중학교 학원이 가장 복잡하게 구성되는 이유이기도 하다. 먼저 중학생들의 진학 유형을 살펴보자.

A 유형	선행 로드맵을 잘 타고 영재학교 준비를 완벽하게 소화하고 있으며, 합격도 확실하고 영재학교 입학 후에도 20~30등 내신 성적으로 서울대 목표 학과에 진학 가능한 중학생

▶ 전국 중학교 한 학년당 100~200명 정도. 실제 8개 영재학교 입학생 800명 중 서울대 진학하는 학생은 250명 정도이고, 이 중에서 본인이 원하는 학과에 진학하는 경우는 100명 정도이다. 나머지는 본인의 목표와 달리 학과를 변경해서 진학한다.

B 유형	선행 로드맵을 잘 타고 영재학교 준비도 무리 없이 진행해서 합격까지는 문제없으나, 영재학교 입학하면 서울대 목표 학과 진학이 걱정되는 중학생

▶ 전국 중학교 한 학년당 300~400명 정도. 서울대 비인기학과에 진학하거나 카이스트에 진학 가능하다.

C 유형	무리한 선행 로드맵에 과부하가 걸린 상태로 1년 이상 시달리는 학생. 수학에 흥미를 잃고 부담을 느끼며 다른 과목은 접하지 않은 상태로 긴 시간이 지나 학업 역량이 성장하지 않은 중학생

▶ 전국 중학생 한 학년당 약 1,000명 정도. 주로 사교육 밀집 지역에 분

포한다. 영재학교 준비생 중 70% 정도에 해당하고, 영재학교나 과학고에 합격하더라도 중하위권에 머물 가능성이 크고 영재학교 탈락하고 후유증을 6개월 이상 겪게 마련이다. 일반고에 진학하면 국어, 영어, 사회, 한국사 등의 언어영역 과목들이 발목을 잡아 수시로 목표 대학 진학에 어려움을 겪을 가능성이 있다.

D 유형	영재학교나 과학고에 갈 생각이 별로 없고 성실하게 중학교 내신 잘 챙기면서 1~2년 정도 선행을 무리 없이 따라가는 동네 모범생

▶ 전국 중학생 한 학년당 약 10,000명 정도. 일반고 진학해서 모든 과목 내신 성적을 1~2등급을 받고 목표한 대학이나 한 단계 아래 대학에 수시로 무난하게 진학한다.

E 유형	중학교 생활에 중심을 두어 내신 관리만 성실하게 수행하고 선행 학습에 관심이 없어 1년 미만의 선행을 하고 중3이 되면서 고등학교 준비를 생각하는 가장 평범한 중학생

▶ 전국 중학생 한 학년당 약 100,000명 정도. 중학교 성적은 대체로 A를 유지하고 있으며 흥미 없거나 중요하지 않다고 생각하는 과목은 B를 받기도 한다. 고등학교 진학 후 내신 2등급이나 3등급을 유지하면서 중앙대, 경희대, 건국대, 동국대, 홍익대, 숙명여대 등의 서울 중상위권 대학이나 지방국

립대, 인하대, 아주대와 같은 지방 명문 사립대에 수시모집으로 진학하는 경우가 많다. 이 중 10% 정도는 고등학교 진학 후 학습량을 늘리고 내신 대비에 감을 잡으면서 1등급으로 올라가서 서울대, 연세대, 고려대에 수시로 진학하기도 한다. 의대 진학은 수능 최저 학력 기준에 걸려서 실패하는 경우가 많다. 재수생이 가장 많이 나오는 유형이다. 재수하면 수능 적응력이 높아져서 목표 대학에 정시모집으로 진학하는 경우가 많다.

F 유형	공부에 흥미가 크지 않고 진학에 대한 목표 의식도 없어서 그냥 공부가 버거운 중학생

▶ 전국 중학생의 50% 정도가 여기에 해당한다. 중학교 내신은 보통 B, C 정도를 받는다. 중학교 성적이 B이면 전교 30~50%에 해당한다. 중학교 성적 B를 잘못 이해하고 무리한 선행으로 과부하가 오면서 오히려 부작용이 나타나는 경우가 많다. 다행히 게임을 즐기는 정도 외에는 커다란 사고를 치거나 엇나가지 않아서 기회는 있다. 중학교 과정을 잘 이해하도록 지원하는 것이 가장 중요하다. 특히 수학의 경우 중학교 수학이 기초라서 절대 포기하면 안 된다. 국어의 경우 교과서 읽기가 지겨우면 독서나 다른 읽을거리라도 지속적으로 접해야 한다. 사교육은 중등 과정을 재미있고 꼼꼼하게 해 주는 학원이 좋다. 고등 과정 선행은 과잉이다. 독서 학원, 논술 학원은 좋은 대안이다. 만약 흥미를 느끼는 분야가 있으면 적극적으로 파고들면 좋다. 역사를 좋아하면 역사 학원, 역사 탐방, 역사책을 접하면 좋다. 지리, 천체, 컴퓨터, 미술 등 어떤 한 분야에 흥미를 느끼면 그 분야를 통해 학습의 기본 역량이

커지도록 기회를 줘야 한다. 모든 학문은 듣거나 읽어서 이해하고 말이나 글, 행동으로 드러내는 것이 기본이다. 이 과정을 어떤 분야에서든 한다면 학습 능력을 높일 수 있다. 무조건 수학, 영어로 몰아가는 것은 좋은 자세가 아니다. 수능과 내신이 쉬워졌고 범위도 축소돼서 고교 진학 후에도 성적이 충분히 오를 수 있다.

G 유형

사춘기를 심하게 겪거나 공부 이외의 다른 부분에 흥미나 목표가 명확한 중학생

▶ A~F 분류에 해당하지 않으면 대부분 여기에 해당한다. 그래도 목표가 명확하면 이를 지지하고 후원해 주는 게 바람직하다. 공부보다 다른 분야에서 성공하고 이후에 공부하는 방법도 있다. 사춘기를 겪고 있는 학생은 일단 기다리는 것이 상책이다. 자꾸 개입해서 방황의 기간이 길어지게 되면 다시 공부할 기회가 없어질 수도 있다. 요즘 사춘기는 주로 게임이나 온라인상에서 발현되는 경우가 많은데 무조건 규제하고 금지한다고 해결되지 않으니 부모가 상황을 인지하고 양을 줄이거나 사용 규칙을 정하면 좋다. 아예 방치하면 아이 스스로 해결하기 어려운 상황이 될 수도 있다. 일단 현재 상황이 어떤지 지속적으로 관심을 가지고 지켜봐야 한다.

A~G까지의 유형을 체크할 때 중요한 것은 수준을 파악하는 기준이다. 교양 정도, 천재성 등의 다른 부분을 파악하기 위한 것이 아니다. 중학생의 수준을 파악하는 이유는 다름 아닌 대학 입시에 필요한 수준을 파악하는 것임을 꼭 명심하자.

대입을 위한 나의 수준 파악하기

중학생 시기에 가장 중요한 첫 번째는 바로 자신의 수준을 파악하는 것이다. 그렇다면 수준을 가늠하는 지표로 무엇이 가장 적절할까?

① 유명 학원 입학 성적
② 학원에서 배우는 선행 진도
③ KMO(한국수학올림피아드 중등부) 성적
④ 학원 특목고 준비반 재원 기간
⑤ 학원 단원 평가 결과
⑥ 학원 교사의 평가
⑦ 중학교 내신 수학 성적
⑧ **중학교 내신 주요 과목 평균 성적에 따른 전교 등수**

답은 ⑧이다. 선행 진도가 아무리 빨라도, 학원 교사가 좋게 평가해도, KMO 상을 받았더라도, 대학 입시와는 직접 연결되지 않는다. 대학 입시에는 오로지 서류로 확인할 수 있는 '내신 성적'과 '수능 점수'만 필요하다. 내신 성적은 주요 과목 평균 등급이 가장 많이 활용되고 수능은 국어, 수학, 과학 2과목의 총점이 활용된다.

중학교 성적에 대한 오해

중학교 성적은 성취평가로 표시된다. 교육과정이 바뀌면서 등급으로 표현되는 상대평가가 아니라 'A, B, C, D, E' 표시되는 절대평가이다. 90점 이상이면 A를 받는다. 난이도와 상관없다. 시험이 아무리 쉬워도 90점이면 A를 받는다. 그런데 성적 구조에 대한 이해가 부족한 중학생과 학부모는 A를 받으면 '성적이 우수'하다고 오해하게 된다. B를 받으면 '이 정도면 나쁘지 않다.'라고 여긴다. 심지어 '서울 중상위권 대학에 갈 수도 있겠다'고 생각하며 '좀더 노력하면 서울대, 연세대, 고려대도 가능하겠네.'라고 위안하기도 한다. 이 오해가 중학생들에게 불행을 가져온다. 수준에 맞지 않는 사교육과 기대에 시달리기 시작하는 것이다. 중학교 성적은 평가를 위한 것이 아니라 '교육'을 위한 것이다. '평가'를 위한 고등학교 내신 평가 기준과 큰 차이가 있다.

① A는 과연 우수한 성적인가?

다음의 예시를 보며 중학교 성적을 이해해 보자.

부산 ○○중학교 2019년 2학년 1학기 수학 학업성취 사항   (출처 : 학교알리미)

과목	평균(점)	표준편차	성취도별 분포 비율(%)				
			A	B	C	D	E
수학	76.8	18.5	31.1	23.3	15.5	10.8	19.3

이 학교의 전교생은 288명이다. 이 수학 시험은 100점 만점에 평균이 76.8점으로 높은 편이다. 다음으로 표준편차는 중앙(평균)에서 얼마나 떨어

져 있는가를 나타낸다. 288명 중에 68.3%인 197명이 58.3점과 95.3점 사이에 분포한다. 그리고 58.3점 미만이거나 95.3점 이상인 학생이 31.7%인 91명이 존재한다. 이를 반반으로 나누어 보면 95.3점 이상인 학생이 대략 45명 정도인 셈이다.

A를 받은 학생 31.1%는 90명이다. 전국에 3,000개가 넘는 중학교가 있는데 전교 90등이면 명문대에 진학할 수준으로 우수한 성적은 아니다. 그런데 이 중학교에서 90점을 받은 학생들도 자신이 아직 명문대에 갈 수 있다고 착각해서 고등 과정 선행에 과감히 나서게 된다. 사실 90점인 학생은 중2 과정에서 뭔가 제대로 이해하지 못한 것이 있거나 아니면 시험을 완벽하게 치러내지 못하는 문제가 있을 수 있는데 이를 간과하는 것이다.

B를 받은 학생은 31.2%부터 54.4%까지의 학생으로 등수로 환산하면 91등부터 157등까지다. 중학교가 3,000개 이상임을 고려하면 결론적으로 명문대와는 인연이 없다고 하겠다. 중2 수학 성적이 B인 학생들이 중3 선행, 심지어 고등 과정 선행을 하는 것을 보면 매우 안타깝다.

② 중학교 성적으로 대입 예상하기

이 중학교 수학 점수로는 최소 95점은 넘어야 대학 입시에서 뭔가 기대해 볼 여지가 있음을 알 수 있다. 성취사항을 고등학교 등급과 비교해 보자. 고등학교에 진학하면 내신은 성취도가 아니라 등급으로 평가된다.

이 중학교 학생들을 등급 구분 인원으로 나누면 다음과 같다. 1등급인 학생은 12등까지, 2등급은 13~32등, 3등급은 33~66등, 4등급은 67~115등이다.

전교생이 288명인 학교의 등급별 인원

	1등급	2등급	3등급	4등급	5등급	6등급	7등급	8등급	9등급
비율	4%	7%	12%	17%	20%	17%	12%	7%	4%
누적비율	4%	11%	23%	40%	60%	77%	89%	96%	100%
누적인원	12	32	66	115	173	222	256	276	288

그런데 A를 받은 학생은 90명이었다. 그러니 A를 받은 학생 중에 고등학교 내신 기준으로 등급을 구분하면 4등급인 학생이 67등부터 90등까지 무려 24명이다. 실제 4등급이면 부산에서 서울로 진학하는 것은 당연히 불가능하고 부산대나 부경대 등에 합격하는 것도 거의 불가능하다.

자신의 현재 수준을 이해하기 위해 당장 중학교 성적표를 꺼내서 분석해야 한다. 보통 같은 지역의 중학생들이 같은 지역의 고등학교로 모이는 구조에서 고등학교에 진학해도 이런 등수의 구조는 거의 바뀌지 않는다.

중학교에서 성적이 A가 나오면 담임교사가 특목고나 자사고 진학을 권하는 경우가 있다. 사실 전교 5등이나 10등 안에 확실히 드는 경우를 제외하고 단지 A라는 이유로 어설프게 특목고나 자사고 진학하게 되면 당장 고1 중간고사에서 5등급, 6등급 심지어는 7등급의 성적표를 받기 십상이다. 일반고에서도 4등급이 될 수 있는데 특목고나 자사고에서는 어찌될지 겁난다. 그러니 당장 중학교 성적을 등급으로 확인해 보자.

전국 주요 중학교 2019년 2학년 1학기 수학 내신 성취도 A 비율

학교명	평균	평준편차	A	B	C
단대부중	78.1	17.5	30.7%	29.2%	18.2%
휘문중	84.5	16.4	55.2%	19.5%	6.5%
숙명여중	82.9	18.3	49.1%	25.3%	9.2%
길음중	84.3	15.3	50.2%	21.8%	14.0%
서울사대부중	76.4	18.9	34.5%	18.6%	15.9%
동작중	72.4	19.5	18.6%	29.0%	15.9%
성남중	71.9	24.2	30.4%	23.5%	13.2%
상명중	77.9	20.3	36.5%	23.9%	15.2%
을지중	77.6	19.2	32.8%	29.8%	15.5%
월촌중	83.6	16.6	49.7%	21.4%	11.5%
목운중	72.6	22.4	26.8%	23.3%	14.8%
고척중	70	25.7	30.4%	16.5%	14.0%
우신중	67.5	20.8	9.9%	30.6%	15.7%
오류중	58.3	27.1	13.1%	21.5%	7.5%
명목동	65.6	26.1	24.4%	17.3%	11.9%
은평중	72.3	19.9	25.9%	18.4%	15.7%
배문중	63.1	19.4	3.6%	20.5%	24.1%
용산중	71.1	22.6	30.2%	15.5%	11.6%
오마중	82.2	17.1	44.6%	22.0%	13.1%
정발중	79.8	17.7	36.8%	25.7%	14.0%
화정중	75.4	17.8	26.4%	26.8%	15.7%
과천중	73.4	19.9	26.1%	23.7%	15.4%
소하중	75.5	19.1	29.3%	25.6%	11.9%
토평중	69.5	24.7	30.1%	15.1%	13.4%
풍무중	80.1	17.4	41.4%	18.8%	13.2%
상동중	71.6	18.9	17.9%	25.4%	14.9%
수내중	78.9	18.5	39.4%	21.9%	12.0%
판교중	79.2	19.8	38.2%	22.2%	14.6%
위례한빛중	80	15.9	33.7%	25.4%	17.1%
성남중	76	16.3	25.0%	26.1%	12.0%
권선중	67	19.6	15.8%	17.5%	13.2%
영통증	65.8	24.3	14.1%	23.5%	15.3%

수일중	75	19.7	33.0%	15.4%	13.2%
수원중	67.6	19.9	21.2%	14.7%	7.8%
석수중	64.9	24.7	26.5%	9.9%	7.7%
상록중	67.2	24.4	24.5%	16.9%	13.4%
귀인중	82.9	14.8	44.4%	23.1%	15.1%
신성중	76.5	20.5	34.0%	19.7%	14.3%
동백중	80.3	20.1	46.7%	20.6%	9.7%
수지중	74.7	18.7	25.4%	24.0%	17.5%
용인중	69	23.2	26.5%	16.0%	12.6%
녹양중	80.2	18.6	43.5%	16.9%	12.1%
한빛중	74.5	18.2	22.8%	22.2%	23.4%
솔빛중	74.5	19.8	26.1%	28.0%	15.3%
낙동중	75	17.4	27.5%	15.0%	17.5%
남산중	74.2	22.3	34.8%	16.5%	14.0%
대연중	74.3	17.2	22.3%	24.6%	19.0%
사직중	76.8	18.5	31.1%	23.3%	15.5%
화명중	76.2	16.7	26.7%	23.7%	20.4%
다대중	70.9	20.9	21.3%	23.7%	14.2%
망미중	74.6	18.3	23.5%	22.1%	20.6%
연제중	76.2	20.2	31.6%	26.5%	15.4%
영도제일중	74.3	18.9	22.9%	30.0%	14.3%
센텀중	78.7	19.4	38.5%	20.2%	13.4%
대구중	69.8	22.5	29.0%	15.0%	7.5%
상서중	71.2	20.9	25.7%	17.7%	13.3%
달서중	77	16.3	18.2%	36.4%	27.3%
청구중	72.8	14.5	6.2%	30.4%	34.2%
대구북중	66.5	22.9	21.2%	21.2%	8.2%
경일중	64.4	22.5	10.7%	24.0%	14.7%
대륜중	75.5	13.1	14.0%	30.9%	26.4%
경신중	86.5	11.4	51.1%	28.8%	11.3%
대전대청중	70.3	19.1	19.9%	19.1%	16.2%
대전보문중	71.2	20	28.6%	13.0%	5.2%
대전둔산중	70.6	23.4	26.5%	15.5%	17.6%
대덕중	78.1	16.5	32.4%	23.1%	17.0%

대전중	66.2	20.5	21.0%	10.0%	12.0%
송정중	72.4	17.5	20.4%	17.7%	19.0%
문성중	63.6	25.8	18.0%	21.1%	11.2%
조대부중	69.6	19.6	13.6%	28.2%	12.7%
충장중	63.6	19.5	8.2%	21.3%	14.8%
숭일중	78.3	13.2	24.0%	28.1%	10.5%
광주서강중	78.2	16.1	32.3%	20.3%	17.5%
광덕중	71.5	19.2	17.8%	26.1%	18.5%
광주서석중	79.4	15.6	39.1%	18.6%	10.6%
작정중	68.7	22.6	24.3%	20.1%	9.5%
용현중	71.3	20	20.8%	23.8%	12.6%
만수중	63.5	23	15.4%	19.2%	10.6%
동산중	68.2	22.9	22.2%	23.4%	9.9%
산곡중	69.6	23.6	26.1%	21.7%	7.0%
동인천여중	72.4	21.6	31.0%	13.1%	20.2%
인천해송중	74.5	23.8	36.5%	20.9%	7.6%
옥동중	80.1	18	42.2%	20.3%	15.6%
현대중	84.2	16.1	53.4%	21.2%	9.6%
호계중	78	15.9	30.6%	22.8%	17.8%
범서중	78.2	15.9	33.1%	22.2%	16.0%
울산여중	75.4	18.7	29.2%	15.3%	20.8%
복자여중	74.3	20.5	30.8%	24.4%	9.6%
천안불당중	77	22.2	42.0%	18.3%	9.0%
서산중	81.4	16.4	48.6%	12.8%	12.5%
제천중	63	19.2	8.7%	17.9%	15.6%
청주중	70.3	14.1	25.9%	13.3%	11.2%
세광중	84.5	18	60.2%	9.9%	7.7%
청주중앙중	75.8	20.2	36.8%	14.3%	14.3%
서원중	68.2	21.6	11.5%	19.8%	16.7%
충주중	71.1	18.9	20.0%	24.7%	14.0%
광양중	70.7	22.2	33.1%	9.8%	13.5%
나주중	62.5	21.8	13.6%	16.0%	9.6%
목포홍일중	66.9	18.2	6.7%	23.9%	21.6%
순천매산중	66.3	21.3	17.6%	18.8%	13.3%

여수중	63.5	25.3	21.3%	19.1%	6.4%
군산중	71.5	21.6	26.0%	20.5%	13.0%
김제중	71.4	21.3	27.6%	19.7%	9.2%
남원중	64.5	20.6	17.0%	12.0%	15.0%
이리중	69.5	21.8	26.7%	13.7%	13.7%
전주중	75.1	20.2	29.9%	23.6%	11.8%
전주서중	74	19.1	26.1%	20.7%	17.8%
정읍중	64.5	22.2	15.2%	18.8%	13.4%
거제중	70	24.4	28.6%	17.9%	13.4%
내동중	64.8	19.4	11.8%	15.5%	18.2%
밀양중	73.5	20.3	24.9%	23.1%	16.0%
사천중	71.3	22.7	29.9%	16.9%	11.7%
물금중	65.9	24.7	20.6%	18.8%	14.6%
진주중	64.3	26.9	25.7%	12.8%	13.5%
마산중	66.9	28.2	33.3%	11.3%	8.5%
마산여중	68.4	23.3	22.9%	20.0%	15.2%
창원상남중	73.7	21.5	28.4%	21.9%	20.4%
창원중	70	22.4	24.6%	18.9%	11.4%
진해남중	75.7	20	31.8%	25.3%	11.1%
통영중	59.4	25.7	16.2%	14.1%	8.4%
경산중	70.5	24.4	29.6%	18.5%	11.6%
구미중	72.6	26.6	40.8%	17.0%	8.2%
김천중	59.8	28.4	22.5%	10.0%	8.8%
문경중	69.6	23	27.1%	20.6%	8.4%
상주중	67.9	26.4	30.9%	14.6%	6.5%
안동중	74	22.9	35.9%	20.4%	7.8%
영주중	67.6	23.6	19.4%	26.1%	12.7%
영천중	68	27	28.8%	19.8%	9.9%
포항이동중	71.5	21.4	24.3%	22.1%	15.7%
포항중	64.2	23.6	14.4%	21.2%	14.4%
한솔중	74.5	23.2	38.6%	17.3%	9.4%
오현중	77.9	17.7	35.7%	22.4%	13.3%
서귀포중	68.1	18.7	15.7%	18.7%	16.2%
평균	72.5	20.4	28%	20%	14%

내 수준에 맞는 학습 로드맵 만들기

① 중학교 내신으로 확실히 1등급이거나 전교 10등 수준인 경우

영재학교나 과학고를 진학해서 특수목적 대학(카이스트, 지스트, 디지스트, 유니스트, 포스텍 등)이나 SKY 이공계열에 진학해서 의약학계열이 아닌 공대나 자연과학계열로 확실히 진로를 잡았으면 영재학교 준비를 하면 된다. 하지만 영재학교 준비를 하면서도 국어나 영어 등 나머지 과목을 손에서 놔서는 안 된다. 주 1회라도 진행하는 것이 좋다. 만약 불합격하면 과학고에 도전하면 된다. 과학고도 불합격하면 일반고에 진학해서 내신 1등급 받을 준비를 하면 된다. 보통 내신이 1등급인 경우 명문대에 진학할 가능성은 70% 이상이다. 원래 중학교 내신이 좋은 학생들이 일반고 내신도 잘 받는다. 훈련이 되어 있기 때문이다. 내신은 실력만으로 결판나지 않는다. 시험 보는 요령, 출제 경향에 대한 민감도 등이 많은 영향을 준다.

의대가 목표인 경우, 확실히 일반고 진학을 권한다. 영재학교나 과학고 학생들이 의대에 진학할 기회는 계속 줄어들고 있다. 일단 수능 최저 학력 기준이 존재하기 때문에 수능 1등급을 받지 못하면 의대 합격이 어렵다. 영재학교나 과학고의 교육과정으로는 수능 준비가 불가능하다. 굳이 의대 진학을 위해 영재학교나 과학고에 갈 이유가 없다.

그럼 일반고 진학을 위해서는 무엇을 해야 할까?

1단계 수시로 의대 갈 내신 확보하기

우선 일반고 교육과정으로 고1 내신을 전과목에서 1등급을 받을 수 있도록 준비해야 한다. 보통 일반고가 학생 수로 보면 200~300명 사이인 경우가 가장 많다. 200명이면 8등까지가 1등급이고 300명이면 12등까지가 1등급이다. 의대 진학에 가장 영향이 큰 내신 평균 등급은 단위수를 고려해 각 과목의 등급을 평균해서 계산한다. 의대 진학은 공대 진학과 달리 못하는 과목 하나가 평균 등급을 깎아 먹어서 실패하는 경우가 많다. <수학>은 1등급인데 <통합사회>가 3등급이면 의대 진학에 매우 불리해진다.

2단계 수능 최저 학력 기준을 맞추기 위한 수능 1등급 준비하기

다음으로 수능 준비가 필요한데, 중학교 때는 일단 국어에서는 <문학과 독서>(비문학)를 위주로 준비하고 수학은 최대 <수학Ⅰ>이나 <수학Ⅱ>까지 공부하면 된다. 이것도 사실 2년 이상 선행이니 무리할 필요는 없다. '선 고1 내신, 후 수능'이란 점을 명심하자. 과학은 중학생 입장에서 수능 준비에 가장 혼란스러운 과목이다. 중등 학원들의 상술에 따라 선행 과목이 잘못 선택되는 경우가 많고 과학 강사도 물리 강사 위주여서 일단 <물리>부터 시작하자고 제안하는 것이 일반적이다. 하지만 아이러니하게도 고3이나 재수생이 수능에서 선택하는 과목은 <물리>가 가장 적고 대부분 <생물>이나 <지구과학>을 선택한다. 학부모가 이에 대해 의문을 제기하면 중등 학원들은 대부분 <물리>가 내신에도 필요하다고 답한다. 하지만 이것도 납득하기 어렵다. 실제 고등학교 과학은 고2 때 내신에서 <물리Ⅰ>, <화학Ⅰ>, <생명과학Ⅰ>, <지구과학Ⅰ> 등 4과목 중에서 2과목을 선택하는 경우도 많다. 특히 여학교들은 거의 2과목이다. 그리고 서울 강남권 등 소수의 고등학교가 3개를 선택한다. 4개를 모두 필수로 하는 경우는 과학중점과정을 이수하는 학생들 정도이다. 그러니 의대가 목표인 학생이 굳이 <물리>부터 공부할 이유가 없다. 아니 <물리>부터 선행을 시작하면 안 된다. 오히려 <화학>이나 <생물>부터 시작하고 고등학교 입학 후에 어떤 과목 선택이 유리한지 불리한지 확인한 다음 <물리>를 준비해도 늦지 않다. 오히려 수능 준비는 고1 내신 준비가 완벽해지고 나서 해야 한다. 사실 고2 내신 준비는 수능 준비와 대부분 겹친다. 그리고 절대로 할 필요 없는 것은 고3 내신에 대한 준비다. 고3 내신은 대부분 수능과 겹치지도 않고 고1 내신이 나쁘게 나오면 수시로 의대 진학이 불가능하기 때문에 고3 때 내신을 해야 하는 경우는 극소수다.

문과로 진로를 결정했다면 고교 진학 문제는 별로 고민할 필요가 없다. 어문계열이나 인문학계열인 경우 외국어고 진학을 권한다. 요즘 자사고는 이과 중심인 학교들이 많아서 반드시 유리하다고 볼 수는 없다. 상경계열이나 사회과학계열로 진학을 원하면 문과생이 많은 일반고로 진학하는 것이 유리하다. 그리고 중학교에서 준비할 것은 <수하(상)>, <수학(하)>, <통합과학>, <영어>, <국어>, <통합사회>로 압축된다.

문·이과 구분이 없어지면서 고1 내신은 전교생이 같이 시험을 보고 등급도 공통으로 산출된다. 그래서 이과 중심의 고등학교에서는 심하면 문과 전교 1등이 수학에서 4등급을 받는 경우도 있다. 수학은 섣부른 선행보다 고1

과정에 대한 실전 연습까지 마치는 것이 좋다. 실전을 준비하는 방법은 진학하려는 고등학교의 내신 기출문제를 확실하게 풀고 숙달하는 것이다. 일단 고1 내신에서 몇 등을 하느냐가 가장 중요하다. 이과 편향은 전국적인 현상이다. 고1 내신을 확실하게 받아 두면 수시로 명문대 진학에 매우 유리한 위치에 서게 된다.

② 중학교 내신이 A이지만, 2~3등급에 걸쳐 있는 경우

현재 상황으로 명문대 진학은 어렵다. 이제 마지막 반전의 기회는 고1 내신이다. 모든 역량을 고1 내신 대비에 쏟아 부어야 한다. 고1 내신은 <국어>, <영어>, <수학(상)>, <수학(하)>, <통합과학>, <통합사회>, <한국사>로 구성된다. 일단 이 7과목을 1등급이나 2등급으로 끌어올려야 한다. 수시로 반전을 꾀할 수 있는 마지막 기회다. <수학Ⅰ>이나 <물리Ⅰ>과 같은 수학과 과학 선행을 과감히 멈춰라. 수학은 <수학(상)>과 <수학(하)>에 집중한다. 그리고 과도한 심화학습도 피해야 한다. 중등 학원들이 개설한 심화과정반의 경우 내가 진학할 고등학교 내신에는 나오지도 않을 쓸데없는 심화일 가능성이 크다. 중등 학원에서 고등 내신을 분석하고 운영하는 곳은 거의 없다. 관성적으로 <정석>과 <쎈>, <RPM> 등을 섞어서 기초과정을 운영하고 다음으로 심화과정이라고 해서 <일품>, 심지어 <블랙라벨> 과정까지 운영하고 있는데, 사실 서울 강남지역이나 일부 자사고 정도를 제외하고 <블랙라벨>이나 <일품> 고난도 수준의 문제가 필요 없는 고등학교가 대부분이다. 1,555개 일반고 중에 <쎈>의 B단계 수준의 난이도인 고등학교가 적어도 1,300개 정도는 된다. <쎈> B단계를 확실하게 정리하고 기출문제를 구해서 실전 감각을 키우는 게 상책이다. <수학>에 자신이 없으면 <수학> 2등급에

<국어> 1등급을 노리는 전략도 좋다. 굳이 <수학>을 1등급 받으려고 시간을 허비하지 말고 <국어>, <영어>, <통합과학>, <통합사회>, <한국사>를 1등급 받는 게 현명하다. 사실상 이 수준의 학생들에게 수학은 가성비가 가장 떨어지는 과목이다. 그냥 2등급 받고 대학 입시에 성공하는 것이 좋다. 내신이 평균 1등급대(각 과목 등급을 평균으로 계산해서 1.0등급부터 1.99등급까지에 속해 있는 학생 그룹)에 속하면 대략 전국 1,700여개 고등학교 30만 명의 고3 중에 10,000등 안에는 드는 것이다. 그러면 의약학계열이나 SKY 진학 가능 그룹에 속한다. 수학 2등급, 나머지 1등급을 받으면 이과는 적어도 고려대 합격은 가능하고 문과는 서성한까지 노려 볼 수 있다. 수능 최저 학력 기준의 경우도 의약학계열이 아니면 과목별로 2등급이면 모두 통과가 가능하다. 학습량이나 기초 준비 과정이 전교권 학생에 비해 부족한 학생들이 많은 이 그룹에서는 효율적인 학습 로드맵과 실천이 매우 중요하다. 일단 고1 내신이 1~2등급으로 한 단계 상승하게 되면 고1부터는 전교권 그룹과 실질적인 경쟁도 가능하다.

③ 중학교 내신이 A이지만, 90점 겨우 넘거나 B가 많이 섞여 있는 경우

가장 중요한 것은 일단 중학교 내신 성적을 최대한 올리는 것이다. 공부하기에도 고등 과정 선행보다 부담이 덜하다. 중위권 학생이 무리한 과정을 공부하는 것은 전혀 도움이 되지 않는다. 간혹 실력 부족보다는 득점 능력이 부족한 학생들이 시험 준비가 소홀하거나 시험 보는 요령이 없어서 점수가 낮게 나오는 경우가 있는데, 득점 능력을 향상시키는 방법은 실전에서 터득할 수밖에 없다. 초등 4학년에 반드시 익혔어야 할 학습 루틴이 하나도 없을 것이다. 학교 수업에 집중하고 오늘 배운 내용은 반드시 오늘 복습하는 루틴을 만드는 것이 이렇게나 중요하다. 무리하게 선행을 하다 보면 이 수준의 학생들은 현실을 회피하고 선행한다는 대리 만족 뒤에 숨어 버릴 가능성이 크다. 절대로 내신 성적이 오를 리 없다. 선행을 과감하게 줄이고 현재 중학교 과정에서 학습 루틴을 만들고 고등학교에 진학해야 그나마 마지막 기회를 노릴 수 있다. 중학교 성적 목표를 잡고 밤새 벼락치기도 해 보고, 학원도 중학교 내신 대비하는 곳으로 옮겨 내신 대비 요령을 최대한 익혀서 고등학교에 진학해야 한다. 선행은 그다지 도움 되지 않는다.

④ 중학교 내신이 C 이하인 경우

무슨 이유에서건 중등 과정의 기초가 제대로 정리되지 않은 상태다. 중학교 과정을 전체적으로 정리할 필요가 있다. 과목별로 목차를 놓고 전체 단원의 개요를 보면서 기초가 안 된 지점을 찾아서 중학교 졸업하기 전에 확실히 정리해야 한다. 많은 학원들이 무턱대고 고등 선행을 강조하기 때문에 학원은 소용없다. 차라리 목표를 분명히 세우고 과외를 받거나 형, 누나, 언니, 오빠의 지도를 받는 것이 좋다. 절대 심화학습을 하면 안 된다. 기본에만 충실해야 한다. 기본기를 확실하게 하되 전 범위에서 너무 모르는 분야는 없도록 정리해야 한다. 이때야말로 기초를 잡을 마지막 기회다.

실력 향상과 득점 능력의 균형감 익히기

중2부터는 실력을 키우는 공부도 중요하지만, 점수를 확실하게 잘 받는 기술도 병행해서 습득해야 한다. 실력 키우기는 주로 학원에서 선행 학습하면서 진행될 수 있고, 중학교 과정을 공부하고 내신을 치르면서 득점 능력을 향상해야 한다. 실력 향상은 남의 도움을 받을 수 있지만 득점 능력 키우기는 도움 받기가 어렵다. 잘 모르는 삼각함수의 개념은 선생님의 도움으로 시간을 아끼면서 이해할 수 있지만, 내신 대비 계획이나 내신에 출제 가능성 큰 부분을 파악하는 능력과 순간적인 임기응변 등의 득점 능력은 다른 사람의 조언으로는 향상되기 어렵다. 스스로 해 봐야 한다. 학교나 학원에서 배우는 것은 등산으로 치면 루트나 요령에 대해 설명 듣는 것이고, 실제 시험을 보는 것은 산에 올라가는 행위다. 사교육 의존도가 높거나 선행만 많이 한 학생은 동네 뒷산도 안 올라 본 상태에서 지리산 루트를 설명 듣고, 심지어 에베레스트에 대한 이론을 습득하는 것과 같다. 실제 산에 오르려면 다리 근육에 힘이 들어가야 하고 나에게 맞는 수분 섭취 요령이 생겨야 하고 언제 쉬어야 할지 몸으로 느껴야 한다. 시험을 잘 보려면 시험에 대한 이해가 필요하고 출제자의 의도를 알아야 하고 시험 시간을 잘 분배해서 포기할 문제는 포기하고 최선의 득점을 해야 한다.

★ 시험에서 득점 능력 향상시키는 방법 ★

① 시험의 성격을 스스로 이해해야 한다. 내신은 범위가 어느 정도이고 문제는 몇 점짜리가 몇 문항으로 구성되어 있는지 파악해야 한다. 학원 선생님이 알아서 챙겨 주겠거니 생각하면 안 된다. 기출문제를 구해서 구조를 이해

해야 한다. 책상 앞에 포스트잇으로 이런 기본 정보는 붙어 있어야 한다.

② 시험공부하는 데 어느 정도의 시간이 필요한지 추정해야 한다. 그리고 한 번 두 번 실행하면서 나만의 확실한 시간이 나와야 한다. 예를 들어 '국어 3단원에 15시간 필요'와 같이 구체적일수록 좋다.

③ 기출문제를 통해 시험 유형과 난이도를 파악해야 한다. 학원이나 과외 선생님이 여러 학교를 분석해 주기도 하지만 가장 정확한 것은 나 자신이다. 학원의 분석은 참고용으로만 쓰자. (학원에서는 대체로 시험이 어렵다고 분석하는 경향이 있다. 쉽다고 하면 장사가 잘 안 되기 때문이다.) 이런 과정은 중2에 시작하는 것이 가장 적절하다. 중1은 내신이 없고, 고등학교에 올라가서 하기엔 너무 늦다. 중2에 시작해서 중3까지 8회의 시험을 거치면서 확실한 득점 능력을 갖추어야 한다. 진짜 실전은 고1 내신이다.

혹시 이런 득점 능력까지 지도해 주는 학원이나 개인을 찾는 학부모가 있다면 말리고 싶다. 스스로 이런 과정을 통과하지 못한 학생이라면 고2부터는 절망적인 상태에 빠질 것이다. 고2, 고3을 데리고 이런 프로그램을 운영하는 학원도 없을뿐더러 실제로 불가능하다. 범위도 넓고 시간도 부족한 상황에서 이런 것을 일일이 다른 사람으로부터 조언 듣는다는 것은 현실적으로 어렵다. 전교권 학생들의 공통점은 모두 자기만의 시험 보는 방법이 있다는 것이다. 시작할 땐 남의 것을 따라 할 수 있다. 그렇게 따라 하다가 어느 순간 내 것이 되어야 한다. 한 번에 완성되지 않는다. 적어도 3~4회 정도의 시행 과정을 통해 익숙해져서 의식하지 않고도 진행할 수 있어야 루틴이 되는 것이다.

- 시험의 성격을 이해하고 시험공부에 임하자.
- 시험공부에 소요되는 시간을 예측하자.
- 기출문제를 스스로 습득해 유형과 난이도를 파악하자.

03

고등학교 : 수능 학습의 비중 결정하기

고등학교에서 중요한 것은?

고등학교에 입학하면 본격 대학 입시 실전이다. 결과로 증명이 돼야 한다. '우리 애가 실력은 있는데 시험만 보면 결과가 안 좋아요.' 가끔 이렇게 얘기하는 학부모들이 있다. 고등학생에게 이런 표현은 무의미하다. 결과가 안 좋으면 실력이 없는 것이다. 뭔가 엉뚱한 것을 하고 있는 것이다. 실제는 모르는 내용인데 안다고 착각했거나 내용은 아는데 문제를 이해하지 못했을 수도 있다. 시험 시간 관리가 안 되는 상황일 수도 있다. 이런 문제를 해결하지 않으면 절대로 대학 입시에서 성공할 수 없다.

대학 입시가 목표인 고등학생은 '실력이 있다=점수가 좋다'로 이해해야 한다. '공정성 강화 방안'과 함께 학종이 숨 고르기에 들어간 시점부터 고등학생이 공부하는 이유는 철저히 내신 등급이나 수능 점수를 잘 받기 위한 것으로 국한된다. 그런데 고등학생들을 관찰해 보면 실제 득점에 도움이 되지 않는 공부를 하는 경우가 의외로 많다. 수행평가에 과도한 시간을 투자하거나 특정 과목에 시간을 너무 많이 할애해서 나머지 과목을 망치고 대입에 실패하는 경우도 있다.

① 효율적인 시간 분배 능력이 곧 득점 능력

예를 들어 <한국사>에서 '고려시대 무인정권'을 정리하는 수행평가는 1시간 정도로 마무리해야 한다. 내신에 반영되는 비중이 10점 미만일 것이고 실제 반영은 제출만 하면 8점이나 9점 이상을 받을 수 있는 상황이다. 그런데 이 <한국사> 수행평가를 잘하려고 10시간 정도를 투자하면서 <수학> 복습이나 <영어> 단어 암기와 같은 중요한 것을 하지 않는다면 <한국사> 수행평가는 10점 만점을 받겠지만 <수학> 문제 1개를 더 틀려서 5점의 감점을 받을 수 있다.

다른 것에 피해를 주면서까지 깊이 있게 공부하는 것도 금물이다. <수학> 심화학습을 한다고 국어 수업을 빼먹어서는 안 된다. <물리>가 좋다고 <생명과학>을 등한시하면 안 된다. 적정한 기술, 적정한 열정, 적정한 시간 투자가 필수다. 고등학생만큼 시간이 절대적으로 부족한 시기도 없다. 그만큼 시간을 모두 가진 것처럼 행동해서는 안 된다.

② 고등학교 교육과정과 수능 과목 구성을 정확히 이해

서울 강남지역 OO고 1학년 지민(가명)이의 입학 후 6개월을 들여다보자.

중3 겨울방학이 되자 마지막 선행의 시기라고 학원에서 미적분, 기하 특강을 들으라고 한다. 수학(상), (하)도 이미 수강 중이다. 수학만 주 4일 학원에 다닌다. 고등학교 배정받고 드디어 3월, 학원들은 첫 내신 대비한다고 더 박세졌다. 수학 학원은 주말에 보충까지 한단다. 영어 학원은 오늘 암기 테스트에 통과하지 못하면 일요일에 다시 와야 한다. 국어 학원은 그나마 토요일에 한 번만 가면 되니 다행이다.

중간고사가 4월 25일에 수학과 한국사 시험을 시작으로 3일간 실시된다. 각종 행사로 진도는 나가지도 않았는데 시험 범위는 100페이지에 달한다. 수학과 영어는 학원에서 예상한 범위라서 걱정 없는데 국어가 문제다. 범위 없이 수능형으로 나오는 문제가 있다고 한다. 그런 건 학원에서도 대비하기 어렵다고 한다.

시험 2주 전. 계획을 세워 보자. 월요일 한국사 암기, 화요일 통합사회 암기, 수요일 영어 본문 암기, 목요일 수학 프린트 풀기, 금요일 국어 부교재 문제 풀기, 토요일 전체 복습, 일요일 수학 문제 풀기. 그런데 학원 다녀오면 밤 11시, 학교 숙제에 학원 숙제하면 새벽 1시, 주말에는 과학 학원, 수학 보충으로 빡빡하다. 큰일이다. 암기할 것이 많은데 어쩌지? 일단 학원에서 시키는 대로 하자.

시험 1주 전. 통합사회는 50페이지를 1주일만에 진도가 나갔다. 갑자기 수학 모의고사 프린트를 받았다. 이번 시험에 주관식으로 나온다고 한다.

드디어 시험 첫날. 다행히 수학은 쉬워서 1개 틀렸다. 기본 문제 위주로 나오고 프린트에서 그대로 나온 걸 보니 괜히 어렵게 공부하면서 시간을 많이 투자했나 싶다. 2교시 한국사는 4개나 틀렸다. 이렇게 지엽적인 것이 나올 줄 몰랐다. 둘째 날 국어는 교과서 범위가 아닌 수능형 문제에서 3개나 틀렸다. 통합과학은 1개 틀렸으니 선방했다고 해야 하나? 마지막 날이다. 영어는 2개 틀렸고 통합사회는 3개나 틀렸다.

며칠 뒤 꼬리표가 나왔다. 수학은 당연히 1등급이고 한국사는 4개 틀려서 3등급이다. 국어도 3개 틀렸는데도 2등급이다. 영어는 2개밖에 안 틀렸는데 3등급이다. 통합과학도 1개 틀렸는데도 주관식 감점이 있어서 2등급이다. 통합사회는 3개 틀려서 3등급이다. 완전 개·망·했·다. 내심 올 1등급도 기대했는데 뭐가 문제지? 기말고사에서 만회하면 등급을 올릴 수 있을까? 기말고사에는 기술·가정도 시험 본다고 한다. 시간이 너무 없다.

고1 여름방학은 3주 남짓이다. 1학기 부족한 것을 만회할 시간은 없다. 2학기 내신도 이런 분위기로 흘러갈 것이다. 지민이의 결정적 실수는 무엇일까? 바로 비효율적인 시간 안배, 과목의 중요도 순위를 잘못 파악한 것이다.

먼저 중3 겨울방학에 <미적분>과 <기하>가 아니라 <통합사회>와 <한국사>를 공부했어야 한다. 참 어리석은 일이다. 고1은 내신이 가장 중요하다. 당연히 중3 겨울방학에 고1 내신 모든 과목을 선행했어야 한다. 특히 학교가 배정되고 나서부터는 해당 고등학교 기출문제를 풀고 분석해서 3월 이후 시간 안배를 잘 했어야 한다. 수학도 기출문제를 미리 분석해서 학원에서 공부하는 것이 과도한 심화인지 고려했어야 한다. <한국사>나 <통합사회>, <국어> 등의 공부 시간을 빼앗으면서까지 학원 보충을 해야 하는지는 의문이다. 더군다나 학교별 내신반이 아닌 수준별 반으로 운영되는 강남 지역의 경우 가장 어려운 고등학교 시험에 맞춰서 내신 대비가 진행되기 때문에 상대적으로 우리 학교 시험에는 출제되지 않을 수준의 문제를 푸느라 다른 과목 공부할 시간을 허비하는 경우가 많으므로 주의해야 한다.

고1 성적으로 수시 지원 가능한 대학 추정하기

고1 내신 성적이 나오면 수시로 진학이 가능한 대학의 범위를 추정할 수 있다. 특히 상위권은 정시가 늘어나고 수시가 감소했기 때문에 더 정확한 추정이 가능하다. 학종의 변수도 많이 줄어들었다. 일단 학종 인원이 대폭 감소했고 학생부 기록 내용이 제한되면서 비교과의 파괴력이 약해졌다.

2022학년도 학종 인원 감소 현황

	의대	치대	약대	서울대	연세대	고려대	서강대	성균관대	한양대	소계
2021년	585	147	-	1,686	768	1,178	872	1,570	979	7,785
2022년	553	145	75	1,592	525	880	434	1,087	800	6,091
차이	-32	-2	75	-94	-243	-298	-438	-493	-179	-1,704

2022학년도에 정시가 늘고, 학생부 교과 전형이 신설되면서 주요 상위권 대학의 학종이 대폭 감소된 것을 볼 수 있다. 약대가 새로 학부 입시에 합류했음에도 한양대까지 학종 모집 인원은 2021학년도 7,785명에서 2022학년도에는 1,704명이 감소한 6,091명이다. 2021년 고3 학생들부터는 선배들보다 학종으로 대학에 진학하기가 어려워졌다.

① 우리 학교 최근 수시 성적 확인하기

확인은 구체적으로 해야 한다. 나와 비슷한 전교 등수의 선배가 실제 수시에 어느 대학에 합격했는지 알아볼 필요가 있다. 이게 가장 정확한 방법이다. 고1 담임이 모른다면 고3 진학부장 선생님과 면담해서 확인해야 한다. 만약 학교 선생님들이 정보를 주지 않으면 선배들에게 직접 물어보자.

② '어디가' 활용하기

대입정보포털 어디가 ⇨ 대입정보센터 ⇨ 대학별 입시정보 ⇨ 전형 평가기준 및 결과공개 메뉴에서 원하는 대학을 검색한다. '학생부 종합전형', '학생부 교과전형', '수능 위주 전형' 등 세 개의 선택지가 나오고 학종과 교과전형을 차례대로 들어가면 작년 합격자의 50% 내신등급과 70%의 내신등급을 확인할 수 있다. 70% 범위를 벗어나게 되면 사실상 일상적인 방법으로 합격이 어렵다는 의미로 받아들여야 한다.

③ 각 대학 홈페이지 수시 합격 결과 공개 페이지 활용하기

학교 홈페이지에서 입시 결과를 더 자세하게 공개하는 대학들이 늘고 있다. '어디가'보다 자세하게 분석된 경우도 있다.

수능 성적과 내신 성적 중 상대적 우위 파악하기

수시로 진학 가능한 대학의 범위를 추정했으면 다음으로 나의 수능 성적과 내신 성적을 비교해서 상대적 우위에 있는 것이 무엇인지 확인한다. 고1 중간고사를 마치면 성적통지표를 받는다. 이 성적통지표는 과목별로 내 전교 등수가 기록되어 있는 매우 중요한 정보다. 그리고 1년에 4회 수능 모의고사를 본다. 모의고사 성적표에도 과목별로 전교 등수가 나온다.

고등학교 성적통지표 예시

2019학년도 1학기 일반계 1학년 7차일반 종합 11반 15번

성명 : ○○○   담임교사 : △△△

보통교과 및 전문교과과목

과목명	구분	고사/영역명 (반영비율)	만점	받은 점수	합계	원점수	성취도	석차 등급	석차(동석차수) /수강자수	과목평균 (표준편차)
한국사(3)	지필	중간고사(25%)	100.00	74.40	91.10	91	A	4	130(2) / 372	81.5 (14.1)
	지필	기말고사(25%)	100.00	90.00						
	수행	탐구 보고서1(교과서 1단원 2단원에서 주 제 발췌) (25%)	100.00	100.00						
	수행	탐구 보고서2(교과서 2단원 3단원에서 주 제 발췌) (25%)	100.00	100.00						
국어(4)	지필	중간고사(25%)	100.00	85.60	88.70	89	B	5	161(2) / 372	82.0 (13.9)
	지필	기말고사(25%)	100.00	79.20						
	수행	고사성어 이해하기 (25%)	100.00	100.00						
	수행	우리말 바르게 표현 하기(25%)	100.00	90.00						

수능 모의고사 성적표 예시

2019학년도 9월 고1 전국연합학력평가 **성적통지표(학생용)**		시·도	학교명				
		서울	○○고등학교				

영 역		원점수		표준점수		표준점수에 의한 석차/백분위/등급				응시자수
		배점	득점	범위	득점	학급석차	학교석차	전국백분위	등급	
국 어		100	86	0~200	120	9/20	103/368	81.28	3	272067
수 학		100	88	0~200	135	6/20	57/364	96.06	1	271828
영 어		100	81			원점수에 의한 등급 (2)				271244
한 국 사		50	45			원점수에 의한 등급 (1)				264692
탐 구	통합사회	50	50			원점수에 의한 등급 (1)				267290
	통합과학	50	48			원점수에 의한 등급 (1)				266334

이 두 성적표에서 비슷한 시기의 전교 석차를 비교하면 과목별로 내신과 수능 성적의 상대적 비교를 할 수 있다. 그런 다음 '어디가'에서 수능 모의고사에 나온 백분위를 근거로 작년 정시 합격생의 70% 과목별 백분위와 비교해 본다.

이 세 가지 비교 결과를 토대로 고2에서 내신 중심으로 성적을 올리기 위해서 공부할 것이지, 아니면 고2부터 아예 수능 중심으로 공부할 것인지를 결정해야 한다.

고등학교 때 진학 컨설팅을 받는다면 고1 마치고 하는 것이 가장 적절하다. 고3은 너무 늦다. '앞으로 무엇을 할 것인가?'에 대한 심도 깊은 고민은 꺼내 보지도 못하고 '이 성적으로는 여기 정도 갈 수 있어요.'라는 답만 들을 수밖에 없다. 수능 범위가 축소되고 상위권 정시 비율이 증가한 2022학년도부터는 이전과는 달리 고1 마치고 수능 학습의 비중을 결정하는 것이 매우 중요한 포인트가 되었다.

- 대학 가는 길은 오직 수시와 정시!
  ① 수시는 '내신등급'이 가장 중요
  ② 수능은 '고2 과목'이 대부분 ⇨ 수능 잘 보려면 선행보다 '득점 능력'이 중요

- 중2, 중3 내신 성적으로 합격 가능한 대학 예측 가능
  ① 중학교 내신 성적이 곧 고등 내신 등급이다.
  ② 중학교 내신 A는 1등급이 아니다.
  ③ 내신에서 쉬운 것 하나 틀리면 등급이 하락한다.

- 중학교 내신 득점 능력이 곧 수능 득점 능력이다.
  ① 시험 출제 가능성 본인이 인지하기
  ② 수업 ➡ 요점 정리 ➡ 기출문제로 유형 정리 ➡ 벼락치기 ➡ 실수 없이 득점하기

〜〜〜 4장 〜〜〜

최적의 전략으로
공부의 효율을 높여라

01

시기별 공부 방법

공부는 '시험공부'와 '실력 키우기'로 구분한다. 시험공부는 '득점 능력'에 초점을 둔 것이고, 실력 키우기는 '정확히 이해하기'가 핵심이다. 시험공부의 목표는 정확한 득점 능력 향상이다. 실력 향상도 중요하지만 정확히 답으로 표현해서 받아야 할 점수를 똑 부러지게 받아 내야 한다. 실력 키우기는 듣고 이해하기, 읽고 이해하기 등을 통해 모르는 것을 새로 배우고 이렇게 배운 내용을 통해 또 다른 것을 배워가는 과정에서 실력을 키우는 것이다. 우리나라 교육 환경에서는 저학년 때 실력 키우기를 중심으로 공부하고 학년이 올라갈수록 시험공부 위주로 변하게 된다. 그러므로 저학년에는 '듣고 이해하기'와 '읽고 이해하기'가 중요하고, 고학년이 되면 득점 능력이 더 중요하다.

초등 고학년 : 사고력 키우기

초등학교 저학년은 사고력을 키우는 시기이다. 사고력은 생각하는 능력이다. 하나를 배우고 생각해 보고 여기저기에 적용해 보고 시행착오도 겪어야한다. 공식을 빨리 암기하고 문제를 많이 푸는 것은 중요하지 않다. 하나를배워도 원리를 이해하는 것이 중요하다. 그래서 학교 수업도 토론·발표 방식의 수업으로 진행되고 학원에서도 사고력 학원들이 주를 이루고 있다.

① 독서로 이해하는 능력 키우기

초등 고학년이 되면 저학년과 달리 학습량이 늘어난다. 교과서도 두꺼워진다. 정립된 사고력을 바탕으로 실력 키우기, 즉 실전 적용에 돌입할 시기이다. 어느 과목부터 실력을 키우냐는 중요하지 않다. 국어 실력이 탁월한 학생은 듣기 능력과 읽기 능력이 높아서 이해하기에 유리한 고지를 점할 수 있다. 수학 실력이 탁월한 학생은 듣기와 읽기는 조금 부족해도 이해하고 적용하는 데 유리하다. 그래서 초등에서는 학생의 능력을 과목으로 세분화하지않고 언어능력과 수리능력을 크게 양분해서 평가한다. 언어능력에 해당하는과목에는 국어, 사회, 영어 등이 있고, 수리능력에 해당하는 과목에는 수학과과학이 있다.

이 시기에 이해하기 능력을 키우기 위해 독서는 아주 중요한 공부가 된다. 다양한 내용을 읽고 정확히 이해하는 방식으로 독서를 해야 한다. 토론이나논술처럼 너무 철학적이거나 당위적으로 주제를 암기하는 방식이 아니라 읽고 내용을 요약하는 능력을 키우는 게 중요하다. 중학생이 되면 이 능력을키울 시간이 부족하므로 초등 고학년 때 충분히 시간을 할애하는 것이 좋다.

학원을 다니는 것도 좋다. 대신 너무 현학적인 고등 과정 방식의 논술학원이나 토론 학원은 피하고 정확하게 책을 읽고 요약할 수 있는 학원을 선택하기를 권한다.

② 사고력 키우는 영재교육원 과정

초등학교 고학년에서 학생의 역량을 공식적으로 평가하는 방법은 없다. 중학교나 고등학교처럼 내신 시험이 있는 것도 아니고 수능처럼 전국적으로 비교되는 시험도 없다. 학원들이 시행하는 시험은 사실 객관적이지도 않고 공정하지도 않다. 그래서 유일하게 의미를 부여할 수 있는 시험이 영재교육원 시험이다. 대학부설과 교육청 단위로 시행되는 영재교육원 과정은 사고력을 측정해서 선발하고 사고력을 키우는 방식으로 진행된다. 수능과 유사한 방식이라 할 수 있다. 초등 고학년은 학교 수업에 몰입해서 참여하고 교외 프로그램을 한다면 영재교육원과 같은 사고력 중심 프로그램에 참여하는 것이 좋다.

③ 중등 과정 선행

여유가 있으면 중등 과정 교과를 선행해도 된다. 중등 과정 선행은 학원이나 인터넷 강의를 활용하면 된다. 그런데 이 선행을 시작하는 과정이 매우 중요하다. 초등학생 입장에서는 생애 최초로 듣고 이해하는 상황을 접하는 것이다. 너무 급하게 선행의 속도만 생각하지 말고 강의 방식으로 진행되는 수업을 잘 듣고 이해할 수 있도록 해야 한다. 초등학교 수업 방식인 토론이나 발표식 수업과는 확실한 차이가 있다. 강의 선택 시 설명이 꼼꼼한 강의를 선택하는 것이 좋다. 너무 띄엄띄엄한 수업은 지양해야 한다. 수업을 너무 안 하고 익히기를 강조하는 강의도 피해야 한다. 학부모는 일방적으로 진행하는 강의를 아이가 잘 듣고 이해하고 있는지 확인해야 한다.

초등 고학년은 독서로 이해 능력을 키우자.

중학교 1학년 : 본격 선행으로 실력 키우기

본격적으로 선행이 시작되는 시기이다. 특히 중1이 자유학년제가 되면서 학교 시험이 없어졌기 때문에 오히려 부담 없이 선행을 시작하는 경우가 많다. 학교 수업도 교과 중심으로 진행되기 때문에 듣고 이해하기 능력은 학교에서도 키울 수 있다. 중1 학교 수업에서 중요한 것은 학원이나 학부모가 중시하지 않는 과목들의 수업을 정확히 듣고 이해하는 능력이다. <사회>(도덕 포함), <과학>, <제2외국어> 등이 그것이다. <사회> 과목은 듣고 이해하기와 읽고 이해하기 능력이 집약된 과목이다. 그리고 고등학교 진학해서 그렇게 학생들을 괴롭히는 <국어>의 '독서(비문학)' 파트에 해당하는 과목이기도 하다. <과학>도 교과서를 정독하면서 읽고 이해하기 훈련을 할 수 있는 과목이자 고등학교 수능 국어의 비문학 주요 지문 독해 능력을 키울 수 있는 과목이다. 학원에서 진행하는 선행 학습의 경우 심화보다는 정확한 이해에 초점을 두어야 한다. 중1이면 중2, 중3 과정을 거치면서 고등 과정까지 이어지는 선행을 하게 되는데 학원가에서는 중등 선행을 소홀히 다루는 경향이 있다. 중등을 그냥 넘어가고 고등 과정 선행을 빨리 시작하려고 한다. 하지만 수학과 과학에서 중등 과정은 매우 중요하다. 중1, 2, 3 과학은 물리학·화학·생명과학·지구과학이 아니라 <통합과학>이다. 사실상 고1 내신 과목이다. 중학교 과학을 확실히 이해하고 필요한 내용을 암기하는 과정까지 공부하는 것이 중요하다. 그러나 대부분의 학원들은 중등 과정을 속성으로 진행하려고 한다. '물·화 집중반' 등을 운영하면서 고등 과정 <물리학 I >이나 <화학 I > 강의를 판매하려고 한다. 특목고 준비반에 관심이 집중된 결과다. 실제 고등학교에 진학해서 <생명과학>이나 <지구과학>을 공부하는 학생들의 비중이 적지 않음에도 이 과목들이 너무 홀대당하고 있다.

중등 학원에서 수학을 선행하는 경우 중등 과정을 제대로 안 배우고 바로 고1 과정인 <수학(상)>과 <수학(하)>로 넘어가는 경우가 많다. 하지만 중1에서 선행할 때는 진도보다는 과정을 제대로 이해했느냐가 더 중요하다. 속도전을 할 게 아니라 한 과정도 놓치지 않고 제대로 이해해야 한다. 중등 과정 선행에 들어가면 과정을 마치고 난 뒤 반드시 중학교 내신 기출문제로 점검해야 한다. 중1이 중2 과정을 선행했다면 자신이 다니는 중학교 2학년 기출문제를 모두 다 맞을 수 있는지 확인하고 만점이 나오지 않으면 다시 복습하고 다시 100점에 도전해야 한다. 100점이 나오지 않은 채 다음 과정으로 넘어가면 절대 안 된다. 예를 들어, 중학교 2학년 시험에서 A비율은 평균 30%가 넘는다. 여기에 90점을 받았다면 고등학교 방식의 등급으로 계산하면 4등급인 셈이다. 당장 내년에 볼 시험에서 4등급 수준인데 중3 과정을 선행한다는 것은 심각한 오류다. 게다가 중2부터 내신의 의미가 중요한데 내신 성취도가 어설프게 나오는 상태에서 선행하는 습성은 내신에 대한 민감도를 낮추는 최악의 학습법이다.

　마지막으로 여유가 있는 중1 시기에 독서를 통해 읽고 이해하는 역량을 점검해 보는 것도 좋다. 중1 공부법의 핵심은 여전히 실력 키우기에 있다.

중1 때 선행을 하면 진도보다는 과정을 제대로 이해하는 데에 집중하자.

중학교 2학년 : 자가진단 역량 키우기

　중2부터는 패러다임을 달리 해야 한다. 실력 키우기와 득점 능력을 동시에 고려해야 한다. 실력 키우기 관점에서는 정확히 이해하고 자가진단하는 역량을 키워야 한다. 배운 것은 확실하게 이해해야 한다.

① 기출문제로 실력 키우기

　선행한 과목은 반드시 내신 기출문제와 수능 기출문제로 확인해야 한다. 중등 학원에서 고등 과정을 선행할 때 진도를 빠르게 잡아서 패스하고 넘어가는 것들이 많다. 너무 어려운 내용이라 패스하는 것은 상관없으나 내가 배운 내용과 안 배운 내용을 정확히 체크하고 넘어가는 것은 중요하다. 중2가 고1 과정인 <수학(상)>과 <수학(하)>를 선행 학습했다면 우리 동네 고등학교 내신 기출문제로 점검해 봐야 한다. 고1 내신 1등급을 목표한 학생이라면 중2 때 선행 학습하고 기출문제를 풀어서 평균보다 10점 이상의 점수는 나와야 한다. 기출문제를 풀었을 때 평균 85점 이상 득점해야 한다. 또한 선택한 기본 문제집의 오답률을 15% 이내로 유지해야 한다. '<수학(상)>을 시작한 순간부터 이 상태를 유지하겠다'고 결심하지 않으면 실력 키우기는 불가능하다.

② 내신 득점 능력 키우기

득점 능력을 관리하는 차원에서 중2 내신 성적은 최대한 높게 유지해야 한다. 요즘 중학교 내신은 특목고 입시 관리를 빌미로 너무 쉽게 출제되는 경향이 있다. 평균이 80점을 넘는 경우도 많다. 또 학업에 관심 없는 학생들이 많아서 평균이 낮은 경우도 꽤 있어서 이럴 땐 A비율로 난이도를 가늠하는 것이 좋다. A비율이 30%가 넘는다면 아주 쉬운 시험이다. 고등학교 내신 산출 방식으로 등급을 계산하면 4등급도 A를 받는 셈이다. 이런 난이도의 시험에서 90점을 받았다면 득점 능력이 매우 부족한 것이다. 선행보다는 현재 내신 시험 점수를 96점 이상으로 올리는 일이 급선무다. 득점 능력의 핵심은 틀려도 되는 것을 틀리고 맞춰야 하는 것은 반드시 맞추는 것이다. 쉬운 것은 절대 틀리면 안 되고 어려운 것에 손대기보다는 알 듯 모를 듯한 것을 확실히 맞출 수 있도록 공부하는 습관을 들여야 한다. 한국 축구가 독일을 반드시 이길 필요는 없지만, 중국이나 카타르는 반드시 이겨야 하는 것과 같은 이치다.

특히 중2 내신에서 중요한 것은 전과목에서 골고루 좋은 성적을 유지해야 한다는 점이다. 고1 내신에서도 <국어>, <수학>, <영어>, <사회>, <과학>,

<한국사> 6과목의 내신을 평균해서 전교 등수도 정할 수 있고 대학 입시에서도 이 점수로 당락이 결정되기도 한다. 중학교 2학년 내신으로 고등학교 1학년 내신을 미리 예측할 수 있다. <수학> 100점에 <국어> 90점이면 전교 10등에 진입하기 어렵다. <국어>도 100점을 받으려고 득점 능력을 높여야 한다. 부족한 과목을 방치한 채 <수학>만 중요하다고 고집하면 수시모집으로 대학에 진학하기 어려울 수 있다.

득점 능력을 설정할 때에는 '중2 내신 평균 98점' 또는 '중2 내신 전과목 평균(예·체능 제외) 전교 10등'과 같은 구체적인 목표로 잡아야 한다. 의대가 목표라면 평균 98점 이상에 전교 10등 이내여야 하고, SKY가 목표라면 평균 96점 이상, 전교 20등 이상이 되어야 한다.

중학교 2학년은 기출문제로 내신 성적을 최대한 높게 유지해야 한다.

중학교 3학년 : 고1 내신 잡기

① 고1 내신 기출문제로 내 등급 미리 알기

고등학교 입학을 앞둔 중3은 진학하려는 고등학교 1학년 내신을 준비하는 것이 가장 중요하다. 자사고에 진학하려면 본인이 원하는 자사고 1학년 내신 기출문제를 풀어봄으로써 자신이 진학하게 되면 과연 몇 등급이 나올지 가늠해야 한다. 예를 들어 외대부고에 진학하려는 중3 학생은 <수학>, <통합과학>, <통합사회>, <한국사>로 기출문제 시험을 보고 평균 이상의 점수가 나오는지 '학교알리미'를 통해 확인해야 한다. 평균보다 낮은 점수가 나오면 설령 외대부고에 진학한다 해도 수시모집으로 대학에 진학하는 것이 거의 불가능하다는 것을 알아둘 필요가 있다. 내신 기출문제는 다니는 학원이나 주위 선배들을 통해 구할 수 있다.

학교알리미(www.schoolinfo.go.kr)에서 고등학교 이름을 검색해 공시정보 ⇨ 학업성취사항 ⇨ 교과별 학업성취 사항을 볼 수 있다.

용인한국외국어대학교부설고등학교(외대부고)의 2020학년도 1학년 1학기 결과를 살펴보자.

수학 평균이 87.7점에 표준편차가 6.4이다. 외대부고 진학을 희망하는 중3 학생이라면 외대부고 1학년 1학기 기출문제를 풀어서 88점 이상의 점수가 나와야 한다. 만약 88점이 안 되는 경우 외대부고 입학하고 고1 내신에서 기대 등급은 5등급 수준이다. 수시로 목표 대학 진학은 어려운 상태다. 이런 체크는 <과학>, <사회>, <한국사> 등 3과목에서도 가능하다. 특수하게 별도로 교과서나 부교재를 공부할 필요가 없는 공통과목이기 때문에 나의 등급을 예측해 볼 수 있다. <국어>나 <영어>는 교과서와 부교재별 차이가 크기 때

외대부고 2020학년도 1학년 교과별 학업성취 사항

1학년	2학년	3학년

(단위: 점수, %)

계열 (학과)	과목	2020학년도 1학년 1학기							2020학년도 1학년 2학기						
		평균	표준편차	A	B	C	D	E	평균	표준편차	A	B	C	D	E
전체계열 / 전체학과	국어 (4)	92.6	4.6	78.9	19.5	1.6	0.0	0.0	88.2	6.2	50.3	39.4	9.5	0.8	0.0
전체계열 / 전체학과	수학 (4)	87.7	6.4	45.5	45.0	7.3	1.6	0.5	87.3	8.4	48.6	35.3	10.9	4.1	1.1
전체계열 / 전체학과	영어 (4)	91.8	5.6	74.5	21.7	3.5	0.3	0.0	90.5	6.6	68.2	25.0	5.2	1.6	0.0
전체계열 / 전체학과	Debate and Current Affairs Ⅰ (2)								92.4		97.6	2.4	0.0		
전체계열 / 전체학과	한국사 (3)	92.5	5.2	76.7	20.9	2.4	0.0	0.0	91.1	4.7	69.8	27.4	2.4	0.3	0.0

문에 당장 측정하기는 어렵다. 자사고 진학을 목표로 하는 학생의 경우 면접 준비나 과도한 선행보다는 고1 전과목을 미리 착실히 준비하고 실전 등급을 체크하는 것이 현명한 준비 방법이다. 당장 고1 내신이 평균에도 못 미치는데 고2 과정 선행 따위가 무슨 의미가 있겠는가. 덤으로 <수학>, <과학>, <사회>, <한국사>는 자사고에 진학하지 않고 동네 일반고에 진학하더라도 동일하게 고1 내신 과목이다. 지역 내에 있는 일반고에 진학하려는 중3 학생

은 수학 공부에서 주의할 점이 있다. 고1 수학인 <수학(상)>과 <수학(하)>는 수능 과목이 아니다. 그래서 이 두 과목은 내가 진학할 고등학교 내신 난이도와 유형에 맞춰서 공부해야 한다. 송파, 강동, 광진, 심지어 중계, 경기 평촌, 수원, 분당, 용인 등에서 강남까지 와서 <수학(상)> 심화반을 수강하는 중3들이 있는데 당장 그만두어야 한다. 우선 해야 할 것은 진학할 고등학교 내신 기출문제부터 섭렵하는 것이다. 내가 갈 고등학교 내신에서는 심화 문제가 출제되지 않을 가능성이 높기 때문이다.

수원에 사는 중3 종현(가명)이는 대치동 학원에 등록했다. <수학(상)> 심화반에 들어갔고 교재는 <일등급수학>이었다.

종현이의 학원 선택에는 문제가 좀 있다. 종현이가 배정받을 고등학교는 이런 고난이도 수준의 문제가 출제될 가능성이 절대 없는 학교다. 주말에 막히는 길을 뚫고 수원에서 대치동까지 와서 헛고생하는 거다. 종현이를 제대로 컨설팅하자면, <수학Ⅰ>을 수강하며 수원지역 내신 기출문제를 풀어보고 자신의 등급을 점검해 봐야 한다. 대치동까지 오기 전에 종현이가 <수학(상)> 심화반이 목표에 맞는 선택인지 한 번만 생각했더라면 아까운 시간을 낭비하지 않았을 것이다. 이동하느라 버려진 그 시간에 고등 과정 <한국사> 자습서로 공부했다면 중3 <국사> 내신도 대비하고 대학 입시에도 훨씬 도움이 되었을 것이다. 중3은 바쁘고 시간도 부족하다. 제발 대치동으로 학원 쇼핑하지 말고 자기 지역 고1 내신 기출문제를 풀어 내신 등급 완성도를 높이는 데 주력할 것을 당부한다.

② 중3과 고1 겹치기 공부로 두 마리 토끼 잡기

중3 학생이 해야 할 공부가 또 있다. 중3 <과학>은 고1 <통합과학>에서 주요 구성 단원이다. 중3 <과학>을 공부하면서 고1 <통합과학> 공부를 같이 하는 것이다. 먼저 내가 진학할 고등학교 한 곳을 선정하고 그 고등학교의 고1 교과서나 자습서를 구해서 중3에 해당하는 범위를 중3 과학과 같이 공부하면 고1 내신에도 당연히 도움이 된다. <사회>도 마찬가지다. 중3 <사회>가 '정치' 파트인데 역시 고1 <통합사회>의 3단원, 5단의 주요 내용과 겹친다. 또 중3 <국사>가 대부분 조선 후기를 다루기 때문에 고1 <한국사> 2학기 부분과 일치한다. 중3 내신을 공부하면서 동시에 내가 진학할 고등학교의 고1 내신 과목을 선행 학습하는 것이 중3 학습에서 매우 중요하다.

학원들이 펼치는 수학과 영어 내신의 공포 마케팅에 휘둘려 많은 중3 학생들이 정작 고1 내신에서 50%에 해당하는 과목들은 거들떠보지도 않은 상태로 고등학교에 입학하게 된다. 고등학교 입학하고 나서도 수학과 영어 학원에 많은 시간을 할애하는 바람에 나머지 과목들은 내신 대비조차 못하고 중간고사를 보게 되는 경우도 다반사다. 중3 내신과 고1 내신이 겹치는 과목이나 단원은 중3 공부에서 자기주도로 할 수 있는 소중한 과목이자 경험이다.

웅쌤의 핫클립

고1 내신을 망치면 고2 내신은 의미 없다.
고2 내신 선행에 현혹되지 말고 고1 내신을 내실 있게 준비하자.

주요 과목
공부 전략

국어 : 중2부터 5년간 꾸준한 수능 준비

① 수능 국어

고등학생들이 수능에서 가장 어려운 과목으로 꼽은 과목은 바로 <국어>다. <국어>는 80분에 지문을 읽고 45문항을 풀어야 하는 시험이다. <국어>에서 가장 중요한 역량은 세 가지 독해 능력에 있다. 지문을 읽는 독해 능력, 문제의 의도를 읽는 독해 능력, 선지라는 짧은 글을 읽는 독해 능력이 그것이다. <국어>는 배경지식을 필요로 하지 않는다. 주어진 글 안에서 정확히 읽을 줄 알면 된다. 30년간 기출문제가 쏟아졌다. 더이상 새로운 유형이 나오는 게 불가능할 정도이다. 최근에는 문학보다 독서(비문학) 파트가 더 어려운 추세다. 그래서 초등 고학년부터 중1까지는 문학 위주의 독서를 많이 하고 읽은 내용을 요약 정리해 보는 것이 좋다. 중2부터는 본격적으로 수능 길이의 지문을 많이 읽고 수능형 문제를 접하는 것이 좋다. <국어>는 문제 풀이의 공식이 없어 수학처럼 단기간에 완성되기 어렵다. 가랑비에 옷 젖듯이 꾸준히 일정한 양을 지속적으로 하는 것이 유일한 방법이다. 중2부터 5년간 수능 준비한다는 생각으로 준비하기를 권한다. 중3부터는 의약학계열 희망자와 문과 최상위권 학생들은 <수학> 공부 시간과 <국어> 공부 시간이 거의 같도록 배분하는 것이 좋다. 이 학생들은 수능 국어가 1등급이 아니면 그 자체로 입시에 실패한 것이다. 의약학계열과 문과 상위권은 수능 국어가 2등급이 나오면 여지없이 불합격이다. 다만 SKY 이공계를 노리는 학생들은 수능 국어가 2등급이 나와도 <수학>을 잘 하면 합격이 가능하다. 중학생 때 이공계 중심의 수학 학원의 말만 믿고 <국어>를 소홀히 하면 고등학교 진학 후에 반드시 부작용을 겪게 된다.

수능 국어를 한번 체감해 보자. 다음은 2021년 3월 서울시 교육청 고3 모의고사 국어 독서 지문이다.

2021년 3월 서울시 교육청 모의고사 1교시 국어 [5~10] 지문 예시

민법에서 법률 행위는 의사 표시를 필수적 요소로 하여 법률 효과를 발생시키는 행위로 유언이나 계약 등이 이에 해당한다. 의사 표시는 일정한 법률 효과의 발생을 목적으로 하는 의사를 표시하는 것인데, 표시 행위에는 말이나 글뿐만 아니라 머리를 끄덕이거나 손을 드는 것과 같은 동작이나 침묵 등도 포함된다. 법률 행위에서 의사를

표시한 사람인 표의자의 진의와 표시된 의사가 명백하게 일치하여 이론의 여지가 없을 경우는 문제가 되지 않는다. 하지만 표의자의 의사가 불분명한 경우나 의사 표시를 받아들이는 상대방인 표시 수령자가 표의자의 의사 표시를 표의자의 진의와 다르게 받아들이게 되는 경우 등이 발생하면 법률 행위의 해석이 필요하다. 법률 행위의 해석은 법률 행위의 내용을 확정하는 것으로, 법률 행위의 성립과 유효성 여부를 판단하는 데 있어 중요한 역할을 한다.

법률 행위의 해석은 일정한 기준 에 따라 합리적으로 이루어져야 한다. 당사자가 법률 행위로 달성하려고 하는 목적 및 법률 행위 당시의 제반 사정은 우선적으로 고려되는 기준이다. 그리고 법률 행위의 내용은 대체로 그 분야의 관습을 토대로 이루어지는 것이 일반적이라는 점에서, 이를 해석의 기준으로 삼을 수 있다. 관습에 대한 당사자의 의사 표시가 없거나 명확하지 않은 경우에는 관습에 따르지만, 당사자의 의사와 상관없이 강제적으로 적용되는 규범인 강행 규정을 위반하는 관습은 효력이 인정되지 않는다. 한편 법률 행위와 관련된 관습이 없고, 당사자가 임의 규정과 다른 의사를 표시하지 않은 경우에는 임의 규정을 법률 행위의 해석 기준으로 삼을 수 있다. 그리고 권리의 행사와 의무의 이행은 신의를 좇아 성실히 하여야 한다는 신의 성실의 원칙도 법률 행위의 해석 기준이 될 수 있다.

법률 행위의 해석 방법에는 ㉠자연적 해석, ㉡규범적 해석, 보충적 해석 등이 있다. 자연적 해석이란 표의자의 진의를 ⓐ밝히는 해석으로, 계약서상의 문구와 같은 표시 행위에 얽매이지 않고 제반 사정을 종합하여 표의자의 진의를 밝히는 해석이다. 계약의 경우 표의자의 진의와 다른 의사 표시가 있었다 하더라도 표의자와 표시 수령자 간에 의사의 합치가 있다고 한다면, 표시 행위 본래의 목적이 달성된 것으로 보고 표의자의 진의대로 법률 행위의 내용을 확정하는 것은 자연적 해석에 해당한다. 이 경우에는 진의와 다른 의사 표시는 표의자의 의사를 해하지 않는다는 의미의 '오표시 무해의 원칙'이 적용된다. 그리고 유언자의 진의를 바탕으로 유언의 의미가 무엇인지 명확하게 밝히는 것도 자연적 해석에 해당한다.

규범적 해석은 표시 행위의 객관적 의미를 탐구하는 해석이다. 이 해석은 표의자의 표시 행위를 그대로 신뢰한 표시 수령자를 보호하기 위해 행해질 수 있다. 규범적 해석에서는 표시 수령자가 실제로 표시 행위를 어떻게 이해했느냐만을 가지고 법률 행위를 해석하지는 않고, 제반 사정을 고려하여 적절한 주의를 기울인 합리적인 사람이라면 표시 행위를 어떻게 이해했어야 하느냐를 중시하여 법률 행위를 해석한다. 어떤 계약에서 계약서의 내용과 일치하는 주장을 하는 표시 수령자가 계약서의 내용과 다른 주장을 하는 표의자의 진의를 알지 못했던 경우에 표시 수령자의 주장을 인정하는 것은 규범적 해석에 해당한다. 그런데 표시 수령자가 표의자의 진의를 알았거나, 또는 알지 못했다 하더라도 표시 수령자의 과실로 표의자의 진의를 알지 못했을 경우에는 표의자의 의사를 인정하는 해석이 이루어질 수도 있다. 규범적 해석의 결과로 도출된 법률 행위의 내용이 표의자의 진의와 다를 경우에는 표의자의 법익이 침해될 수 있다. 이때 표의자는 법률 행위의 중요한 의사 표시에 착오가 있었다는 것을 입증함으로써 해당 의사 표시를 취소할 수 있지만, 표의자의 중대한 과실로 인한 의사 표시는 취소할 수 없다.

보충적 해석은 자연적 해석 또는 규범적 해석에 따라 법률 행위의 성립이 인정된 후에 고려되는 것으로 ㉮흠결이 있는 법률 행위의 보충을 의미한다. 보충적 해석은 모든 법률 행위에서 할 수 있으나 주로 계약에서 행해진다. 어떤 계약에서 계약 체결 당시에는 미처 생각하지 못했던 상황이 계약 체결 이후 발생하여 문제가 되었을 때, 이러한 상황을 계약 당시 알았다면 양 당사자가 어떻게 계약했을 것인가를 고려하여 법률 행위를 해석하는 것은 보충적 해석에 해당한다고 볼 수 있다. 이때 계약 당시 미처 생각하지 못했던 상황이 법률 행위의 흠결이 되는 것이다.

가령, 서로 다른 곳에서 병원을 운영하고 있는 의사 갑과 을이 서로의 병원을 교환하기로 계약을 맺고 병원을 옮겼다. 그 후에 을이 그 교환 계약이 무효라고 주장하면서 종전의 병원으로 다시 돌아가겠다는 의사를 표시하였고, 갑이 교환 계약의 유효 확인을 청구하면서 을이 종전의 병원이나 그 부근에서 개원하는 것을 금지하는 내용을 청구한 사안이 있다고 하자. 이 사안에 대해 법원에서는, 갑과 을이 교환 계약 당시 상대방이 종전에 운영하던 병원으로 곧 돌아올 가능성을 염두에 두지 않아서 그에 대해 아무런 약정을 하지 않은 것이 분쟁의 원인이라고 판단했고, 계약 당사자의 일방이 곧바로 종전의 병원으로 돌아간다면 이는 전체 계약의 목적을 위협하는 것으로 보았다. 그래서 법원에서 만약 당사자들이 교환 계약 이행 완료 후 2~3년 내에 상대방이 종전의 병원으로 돌아올 것을 예상했다면 그 기간 동안의 복귀 금지에 합의하였을 것으로 판단하여 갑의 청구를 받아들인다는 판결을 내렸다. 그렇다면 이 판결은 보충적 해석을 토대로 이루어진 것으로 볼 수 있다.

문제를 풀기 전 제시된 지문이다. 총 2,690글자, 10포인트로 A4용지 1.5페이지 정도의 분량이다. 내용은 법률 행위에 대한 것이다. 이런 내용이면 중학교 <사회>나 고1 <통합과학> 교과서에서 충분히 배웠을 내용이다. 꼼꼼히 읽는다면 내용이 어렵다고 할 수는 없다. 관건은 이 글을 읽고 총 6문제를 푸는 데 주어진 시간이 10분 정도 밖에 안 된다는 것이다. 수능 국어에서 항상 비문학이 쟁점이 되는 이유는 시간 관리 때문이다. <국어> 1등급 학생 중에 남학생이 많은 이유도 비문학이라고 불리는 독서 파트에 여학생들이 약점을 보이기 때문이다. 중학생이 비문학을 대비하는 좋은 방법은 중학교 사회·역사·도덕·과학 교과서 등의 글을 자주 정독하고 요약하는 것이다. 중학교 내신도 챙기고 비문학 준비도 하는 매우 좋은 '일석이조' 방법이다. 중학교 때 사회나 과학 교과서를 홀대한 학생은 고3 수능 비문학의 역습에 뼈저린 후회를 할 것이다.

② 내신 국어

내신 국어는 수능 국어와는 다르다. 시험 범위가 정해지는 순간 작품 집중분석, 필요하면 암기 등 내신 특유의 성향이 드러난다. 수능을 잘하면 도움은 되지만 수능 국어와 성적이 일치하지는 않는다. 반대로 내신 국어를 잘한다고 수능 국어 등급이 좋게 나온다는 보장은 없다. 중학생은 고등학교가 정해지기 전까지는 내신 국어를 대비할 방법이 없다. 수능 국어 준비에 만전을 기해야 한다. 중등 수능 국어 학원이 많지 않고 문학이나 문법에 편중되어 있는 것이 현실이다. 사실 문법은 수능 국어와는 연관성이 크지 않다. 우리 동네에 중학생 대상 수능 학원이 없다면 인터넷 강의를 활용하는 것이 좋다.

③ 독서·한자 학원은 불필요

독서 학원과 수능 국어 학원은 다르다. 독서가 도움이 되기는 하지만 독서 학원은 수준에 안 맞는 철학 강의로 흐르거나 체화되지 않은 관념적 자기주장을 부추겨서 오히려 국어 공부에 방해가 되는 경우도 있다. 그냥 수능 국어를 표방하는 학원을 권한다. 일부 학원들이 사자성어나 한자 암기를 시키면서 암기 위주로 국어 학원을 운영하는 경우도 있는데 이런 방식은 학원 운영의 편리성만을 강조한 프로그램으로 보인다. 수능 길이의 지문들을 정확히 읽어 내고 글을 통해 어휘력을 높이는 것이 더 좋은 방법이다. 한문을 많이 알면 도움이 되기는 하나 일부러 시간을 들여 한자 공부를 하거나 인증시험과 같은 준비를 할 필요는 없다.

> **웅쌤의 핫클립**
>
> 수능의 핵심인 국어를 탄탄히 준비할 수 있는 절호의 기회는 중학교 시기이다.
> 중학교 때 읽기 훈련을 철저히 해 문해력을 다져 놓자.

수학 : 기본 개념과 중요 문제만

중학생에게 조언해 줄 수학 공부법 제1원칙은 과도하게 어려운 문제에 집착하지 말라는 것이다. 영재학교나 과학고를 제외하면 대부분의 중·고등학교에서 접하는 수학 문제는 그리 어렵지 않다. 한때 중학생들 사이에서 <A

급 수학> 교재가 유행한 적이 있었다. 하지만 요즘은 아무도 하지 않는다. 중학교 내신에 그런 어려운 문제가 출제되지 않기 때문이다. 그렇다면 수능 수학은 어려운 시험인가? 2021학년도 수능 이과 수학 시험의 난이도는 어느 정도였을까? 평균이 57점이고 1등급 기준점수가 92점이다. 139,429명이 응시해서 7,066명이 1등급을 받았다. 더군다나 고등학교 수포자 비율이 60%에 육박함에도 시험의 평균이 57점이란 것을 보면 결코 어려운 시험이 아님을 알 수 있다.

중학생이 수학을 선행 학습하는 이유는 첫째가 고등학교 내신 등급 잘 받기 위함이고 둘째가 수능 등급을 잘 받기 위함이다. 그러므로 내가 다니게 될 고등학교 내신 범위와 난이도 범위 내에서 공부하면 되고 수능 범위와 난이도 내에서만 공부하면 된다. 고1 내신은 고1 때 보는 것이고 수능은 고3 때 보는 시험이다. 중2 학생은 2년 후인 고1 때 1등급 받으면 된다. 그러니 중2는 내가 진학할 고등학교 내신을 기준으로 3등급이나 4등급 수준이면 훌륭한 성취도를 얻은 셈이다. 평균보다 약간 높은 점수면 안정권이다. 중2 학생이 고2 내신을 선행해서 평균 점수 정도를 받으면 고2가 되었을 때 1등급을 기대할 수 있다. 중3 학생은 중2 학생보다 1등급 정도 높으면 되니까 고1 내신은 기출문제 결과로 평균보다 10점 정도 높으면 1년 후 1등급 후보가 될 수 있다. 중3 학생이 고2 수능 모의고사를 미리 봐서 3등급 성적이 나온다면 고2가 되면 당연히 1등급이 될 것이다. 이상한 킬러 문제나 고난이도 문제에 집착하지 말고 기본 개념과 중요한 문제를 정확히 이해하면서 완벽히 해결하는 데에 집중해야 한다.

과학 : 똑똑한 선택과 집중

고등학교 <과학>은 중학교와 달리 선택과목이다. 모든 과목을 다 할 필요가 없다. 자신에게 필요한 과목을 잘 선택해서 공부해야 한다. 그런데 중등학원들이 강제로 <물리>를 공부하도록 유도하는 경우가 많다. 특히 특목고반의 경우 무조건 <물리> 학습을 강요한다. 사실 이과에서 <물리>를 반드시 해야 하는 학과는 공대 일부 정도이다. 의약학계열에는 <물리>가 필수적이지 않다. 오히려 <생물>이나 <화학>이 더 중요한 과목이다. 자연대에서도 물리학과를 제외하고는 <물리>가 필수적이지 않은 학과들이 더 많다.

과학고나 영재학교에 진학하는 경우를 제외한 고등학교 내신에서는 고2 때 <물리Ⅰ>, <화학Ⅰ>, <생명과학Ⅰ>, <지구과학Ⅰ> 중에서 2과목이나 3과목을 선택하는 경우가 일반적이다. 일부 과학중점과정을 운영하는 고등학교를 제외하고는 3과목 선택이 일반적이고 여고를 중심으로 2과목만 선택하는 경우도 많다. 고3 내신에서 선택하는 과학2 과목의 경우 고2에서 선택한 과목 중에서만 2과목을 선택하면 된다. 수능에서는 <물리Ⅰ>, <화학Ⅰ>, <생명과학Ⅰ>, <지구과학Ⅰ>, <물리Ⅱ>, <화학Ⅱ>, <생명과학Ⅱ>, <지구과학Ⅱ> 중에서 2과목만 선택하면 된다. 대학에 진학해서도 <물리>가 핵심

과목이 아닌 이과가 많은데 중학생에게 <물리Ⅰ>, <물리Ⅱ> 선행을 강요하는 것은 지나치다.

특히 의약학계열 진학을 노리는 상위권에 대한 <물리> 선택 강요는 실제로 많은 부작용을 낳는다. 가장 큰 부작용은 내신에서도 선택하지 못할 물리를 공부하느라 시간과 돈을 낭비하는 것이다. 실제 일부 고등학교에서는 <물리Ⅰ>이 개설되지 않거나 <물리Ⅰ>이 너무 소수 학생이 선택하는 바람에 내신 등급에서 손해 보는 것을 우려해서 <물리Ⅰ> 선택을 포기하는 상위권 학생도 많다. 특히 여학생의 경우 <물리Ⅰ>을 내신에서 선택하지 못하는 경우가 더 많다. 매우 위험한 것이다. 여학생들의 경우 의약학계열만을 생각하고 이과를 지원하는 경우도 많은데 무턱대고 <물리Ⅰ>을 선행해 놓고 고2 때 <물리Ⅰ>을 내신에서도 하지 않게 되면 그동안 허송세월한 것이 된다.

두 번째 부작용은 중학생이 <물리>를 공부하다가 과학 전체에 대한 거부감이 생기는 것이다. 중학생이 고등 과정을 선행하는 것은 상당한 부담이 따른다. 과학 용어는 수학에 비해 복잡하고 어려워서 더 부담스러운 것이 당연하다. 게다가 물리 경시반이나 영재학교 준비반에 잘못 엮이면 과도한 난이도로 수업이 진행되고 수능이나 고2 내신보다 어려운 문제들만 접하다 보니 과학 자체에 질리는 학생들이 속출한다.

세 번째 부작용은 의약학계열 진학생에게만 해당되지만, <물리>를 먼저 배워서 그 외 과목은 암기과목처럼 하찮은 과목으로 취급하는 것이다. 입시에 필요한 과목은 <생명과학>이나 <화학>일 수 있는데 정작 고교 진학 후에 <물리> 이외의 과학을 싫어하거나 무시하는 선입견이 강화되어서 내신 선택이나 수능 선택에서 혼란이 생기는 경우도 많다.

가장 중요한 것은 본인이 진학하려는 고등학교에서 과학 선택이 어떻게 운영되는지 확인하는 것이다. 다음으로 수능에서 자신이 선택할 과학 과목

2개를 어떤 과목을 할 것인지 잘 판단해야 한다.

특히 중학생의 경우 어설픈 고등 과학 선행보다 중학교 과학을 잘 공부해야 한다. 중학교 과학 공부를 내신 A만 받으면 그만이라고 생각하는 태도는 고등 과정에서 심각한 문제를 초래한다. 중학교 과학 시험이 퀴즈 수준이기 때문에 적당히 공부하면 A가 나오는 경우가 많다. 이에 자만해서 기초적인 개념도 명확히 이해하지 못한 상태로 고2 과정 <물리Ⅰ>이나 <화학Ⅰ>을 선행하는 행위는 위험하다. 중학교 1, 2, 3학년 과학의 내용이 거의 그대로 고등학교 1학년 <통합과학> 내신과 연결된다는 점을 간과해선 안 된다. 예를 들어 중학교 수준에서 주기율표를 암기하라고 하지는 않지만 미리 외워두면 도움이 된다. <화학Ⅰ>을 선행 학습하는 것보다 중학교 과학을 공부하면서 필요한 것을 정확히 이해하고 필요한 것들을 암기해 두는 것이 더 좋은 공부 방법이다.

과학 선택과목은 내가 갈 고등학교와 대학 입시에서 필요로 하는 과목으로 현명하게 선택하자.

~~~~ 03 ~~~~

시험 잘
보는 방법

시험 점수는 '시험 예측 능력', '시험공부 역량', '시험 기술'의 세 가지 요소로 결정된다.

시험 예측 능력

시험 예측 능력이란 시험 시간, 시험 범위, 시험 난이도, 시험 유형 등의 정보를 인지하고 시험에 나올 것을 구분하고 골라내는 정성적인 역량이다. 이 역량이 부족하면 쓸데없이 어렵게 공부하거나 필요 없는 부분을 공부하느라 시간을 허비하는 경우가 생긴다. 대부분 학생들은 시험이 어려울 것이란 선입견 때문에 필요 이상으로 많은 양을 공부하거나 어렵게 공부하는 경향이 강하다. 아마 학원에서 학교 시험이 어렵다고 말하는 불안 마케팅도 한몫할 것이다. 그런데다 대부분의 중학생들은 스스로 공부해 본 경험이 부족해서 시험 예측 능력이 없는 경우가 많다. 기출문제를 미리 보고 단원별로 몇 문제가 출제되었는지 파악하는 기본적인 연습부터 해야 한다. 그리고 문제 전체의 난이도, 문항별 난이도를 파악해야 한다. 처음에는 어려워도 일단 난이도를 예측해 보자. 난이도를 예측할 때에는 자신이 공부한 교재로 비교해서 표현할 수 있다. 예를 들어 <쎈 A스텝> 수준이다, <기본 수학의 정석> 예제 수준이다, <일품> 수준이다, <블랙라벨> 수준이다 등으로 가늠하면 감이 잡힐 것이다. 그런 다음 시험의 평균 점수를 보면 5등급 기준으로 난이도를 간접적으로 파악할 수 있다. 평균과 표준편차를 더하면 대략 3등급 수준의 점수가 나오는데 이를 통해 상위권 학생의 밀도와 분포를 알 수 있다.

웅쌤의 핫클립

- 학원에서 선행을 하면 반드시 우리학교 기출문제로 확인한다.
- 시험을 예측하는 필수 확인 사항
 ① 단원별 출제 문항수, 서술형 비율
 ② 문제 전체의 난이도 수준
 ③ 문항별 난이도
 ④ 시험의 평균
 ⑤ 시험의 표준편차

내신 시험공부 역량

시험공부 역량이란 시험을 잘 보기 위해서 계획을 세워 준비하는 능력을 말한다. 무턱대고 많이 공부하는 것은 효과적이지 않다. 중학교 때 자신에게 맞는 시험공부 방법을 터득하고 익숙하게 연습하는 것은 고1, 고2 내신 공부나 고3 수능 공부의 초석이 된다. 이런 숙련의 기간이 없으면 고3이 되어서 1년간의 혹독한 기간을 버티는 게 불가능하다. 가성비 높은 시험공부 습관이야말로 중학생에게 필요한 역량이다. 아무리 실력이 있어도 이 역량이 부족하면 실력이 점수로 연결되지 않는다.

'내신 시험공부 역량'의 핵심은 학교 수업에 집중하는 것이다. 이때 수업에 집중하는 이유는 몰라서 배우려고 집중하는 것이 아니라 시험에 뭐가 나올 것인지 수업을 통해 확인하고 예측하는 것이다. 사실 요즘 중학생들은 거의 선행을 하고 학교 수업을 듣기 때문에 학교에서 몰라서 배운다는 것은 말이 안 된다. 수업을 들으면서 선행한 내용을 확인하고 시험에 나올 것을 예측하고 시험에 나올 부분만 필기하는 것도 중요하다. 사실 자습서나 학원 교재에 이미 중요한 내용이 다 체크되어 있기 때문에 학교 수업 내용을 속기사처럼 필기하는 것은 과잉이다. 사전에 오늘 배울 범위에서 작년이나 재작년에 몇 문제가 나왔고 어느 부분이 나왔는지 확인하면 가장 완벽하다. (이 방법은 시험 예측 능력과 연결된다.)

또한 시험에 나올 내용 위주로 기록하는 것이 중요하다. 그리고 기록한 내용만 그날 복습하는 것이다. 시험에 나올 것이 무엇인지 신경 쓰면서 기록하면 4~5개 정도일 것이다. 그것만 집에 와서 복습한다면 10분 내외로 매일 검토가 가능하다. 이렇게 '매일 복습'을 습관으로 만드는 것이 내신 시험공부 역량의 핵심이다. 여기에 한 가지 더하면 주말을 이용해서 일주일 단위로 복습한 내용을 다시 복습하고 필요한 암기까지 마무리하는 것이다. 이것이 전교 1등의 내신 공부법이다.

시험 기술

시험에도 기술이 필요하다. 시험 보는 현장에서 발휘되는 것으로 제한 시간 안에 문제를 다 풀고 실수를 줄이는 것이 핵심이다.

점수 예측하기

시험 예측 능력은 100점 기준으로 50점에서 200점 사이에 분포한다. 하지만 최고는 100점이다. 시험공부 역량은 100% 최고점으로 50%에서 100% 사이에서 분포한다. 시험 기술은 100% 최고점으로 70%에서 100% 사이에 분포한다. 한 중학생의 사례를 들여다 보자.

중간고사를 앞둔 중학생 민서(가명)가 있다. 민서는 시험 예측 능력이 부족한 데다 공부가 그냥 좋아서 중간고사를 앞두고 수학 공부를 하는데 시험 난이도보다 과도하게 어려운 내용까지 공부하고 준비했다.

민서는 선행 학습했다는 사실만 믿고 학교 수업에 집중하지 않고 매일 복습도 게을리했다. 주말 복습과 암기는 당연히 소홀했다. 그러면 시험공부 역량에서 70% 정도를 받을 수 있다. 민서는 다행히 시험 기술은 거의 완벽해서 100%를 받았다.

우선 민서는 시험 예측 능력에서 200점인 셈이다. 하지만 시험에는 100점만 나오기 때문에 결국 100점이다. 그리고 민서의 내신 점수는 100점×70%×100%=70점이 예상된다. 시험 예측에 오류가 생겨서 또는 순수한 실력 향상을 목표로 아무리 어렵게 공부를 하더라도 시험을 전제로 공부에 전념하는 기간을 충분히 가지지 않거나 시험에서 시간 관리가 되지 않으면 100점에 도달하기 어려운 것이 현실이다. 중학교 2학년부터는 선행과 실력 향상도 중요하지만 실제 시험에서 득점 능력을 높이는 것도 중요하다는 점을 명심해야 한다.

웅쌤의 핫클립

- 학교 수업은 시험에 뭐가 나올 것인가에 포커스를 맞춰 듣는다.
- 시험에 나올 것 같은 내용만 필기한다.
- 필기한 내용은 반드시 당일에 복습한다.
- 일주일 단위로 재복습과 암기로 마무리한다.
- 고등학교 시험 점수를 미리 예측해서 무엇을 보강할지 판단한다.

04

과거 사교육은 노량진과 서울역을 중심으로 재수생을 위한 대입 재수 학원이 전부였으나 보습 학원이 허용되면서 내신 전문 학원이 각 지역마다 생기기 시작했다. 대원외고를 시작으로 특목고가 인기를 끌면서 특목고 입시 학원이 대치동, 목동, 중계동, 분당, 대구 수성구, 부산 해운대, 창원, 대전, 광주 등을 중심으로 특목고 열풍을 견인하게 되었다. 특목고 시장이 확대됨에 따라 지역 학원들이 성장하면서 대치동을 중심으로 재학생 대상 학원으로 확대, 이동하게 되었다. 이 과정에서 인터넷이 활성화되면서 인터넷 수능 학원이 개설되었고 이제 지역적 한계를 뛰어넘는 시장이 창출되었다.

학원의 종류는 수강 목적에 따라 중·고등 내신 학원, 고3·재수생 대상 수능 학원, 중학생 특목고 입시 학원, 중학생 대상 고등 과정 선행 학원, 영어 전문 학원 등이 있다.

목표 학교별 학원 수강 전략

학원을 선택할 때 가장 중요한 것은 '학원 다니는 이유'를 분명히 설정해야 한다는 점이다. 중2 학생이 과학 내신 학원에 등록한다면 이유는 단 한 가지다. 목적이 불분명한 경우 시간만 낭비하게 된다. 경제적 손실은 감수할수 있지만, 시간은 돌이킬 수 없기에 심각한 후유증을 겪을 수 있다. 중2 내신을 대비하는 것이다. 학원에서 과학에 관한 진리 탐구나 수학 원리를 배울수는 없다. 중2 학생이 학원에서 <물리 I >을 수강하려 한다면 목표가 무엇인지 반드시 생각해 보고 등록해야 한다. 그리고 목표는 반드시 구체적이어야 한다. '과학고에 진학하려고'라는 추상적인 목표를 세우면 목표와 행동이 부합한지 판가름하기 쉽지 않다. 이를 구체화하면 '과학고 진학 성공 후 과학고 내신에 대비하기 위해 <물리 I >을 선행 학습한다.'가 될 것이다. 그렇게 하면 과학고 진학을 위해 <물리 I >을 배우는 것은 성립되지 않는다는 것을 발견하게 된다. 과학고 입시에는 시험이 없으므로 <물리 I >을 배우는 것은 입시에 전혀 도움이 되지 않는다. 다만 합격하고 나면 과학고는 일반고와 달리 고1에서 <물리 I >을 내신으로 배우게 되므로 미리 배워 둔다면 납득이 된다.

중학생이 선행 학습을 하는 경우 내가 배우는 과목이 나중에 어느 시험에 어떻게 출제될 것인지 정도는 알고 준비해야 한다. 무턱대고 선행만 한다고 도움이 되는 것은 아니다. 특히 중학생이 가장 많이 선행하는 <수학>에서 목표가 구체적이지 않아 귀중한 시간이 낭비되곤 한다. 다음의 사례를 보자.

강북에 있는 중학교에 다니는 영호(가명)는 중1부터 강남에 있는 수학 전문학원에 다니기 시작했다. 지인이 운영하는 학원이라 믿을 수 있다는 엄마의 판단에서였다. 영호는 초6 때 동네 학원에서 이미 <기본 수학의 정석> 3개월 완성으로 <수학(상)>과 <수학(하)>를 한 번 뗀 상태다. 그러고 나서 중학교 1학년 여름방학에 강남의 수학 전문학원으로 옮기게 되어 1년 코스로 진행되는 <기본 수학의 정석>으로 시작했다. 그런데 곧 수학경시 대비 등 수학을 무려 1주일에 4일간 수강하도록 권유했다. 영호의 목표는 의대 진학이었는데 이런 학원 분위기가 맞지 않아 학원을 그만두었다. 그리고 영재학교나 과학고 준비와 무관하게 수학 선행만 하는 학원에 다니기 시작해서 중3까지 <수학 I> 반복, <수학 II> 기초, <수학 II> 반복, <확률과 통계> 기초, <미적분> 기초까지 진도 선행을 완수했다. 그러고 중3 때 한 자사고의 기출문제를 풀어 보니 예상등급이 5등급으로 나왔다.

영호의 수학 학원 탐방기를 보면 목표가 오로지 '고등 과정의 수학 진도를 다 나가고 고등학교 입학하기'로 보인다. 본인이 의도했던 아니던. 정말 많은 시간과 돈을 투자해서 목표를 달성했다. 하지만 과연 투자 가치가 있었는지는 의문이다. 영호는 정작 고등학교 입학을 앞둔 중3이 되어서야 본인이 목표로 하는 자사고 시험지로 <수학(상)> 고1 기출문제를 풀었고 예상등급이 5등급이 나왔다. 본인이 원하는 자사고에 진학하게 되면 수학 내신은 중하위권에 머물 가능성이 높다. 그러면 자사고의 장점인 수시 진학을 노리기 어려운 상황이다. 영호가 수학 선행 학습을 하면서 목표를 구체적으로 정했다면 이런 시간 낭비는 없었을 것이다.

그렇다면 영호에게 맞는 구체적 목표는 무엇이야 했을까? <수학(상)>, <수학(하)> 선행학원 수강 시 목표는 '내가 진학하려는 고등학교 1학년 내신

1등급 완성'이어야 했다. <기본 수학의 정석>으로 개념을 배우고 시중의 문제집 한 권을 정해서 <수학(상)>과 <수학(하)> 모든 단원에서 정답률 90% 이상을 유지하는 상태를 유지하는 것을 목표로 정했어야 한다. 자사고는 수시 중에 학종으로 의대나 서울대, 연세대, 고려대 진학에 유리한 고등학교다. 그러니 고1 내신에서 상위권이 아니면 영호는 이 고등학교에 굳이 진학할 이유가 없다. 그런데 이 학교 내신은 시중에 나와 있는 수학 문제집으로 항상 90%의 정답률은 유지해야 2등급이나 3등급이 가능한 수준이다. 그냥 수학 진도만 나간다고 저절로 내신 등급이 얻어지는 것은 아니다.

중학생이 고등 수학을 선행한다면 <수학(상)>, <수학(하)>는 수강 목표가 분명하다. 학원에서 <수학(상)>의 개념을 배우고 기본 문제집의 정답률을 90% 유지하는 것이 목표다. 정답률이 70%면 학원에서 배운 개념을 다시 복습하고 다시 한번 도전해야 한다. 그래도 안 되면 개념을 다시 공부하고 또 도전해야 한다. 그래도 안 된다면 중학교 과정 중에서 이해 못한 개념이 있다는 거다.

웅쌤의 핫클립

학원의 가이드를 맹목적으로 따르지 말고, 내 진로 방향을 먼저 확고히 정하고 그에 맞는 프로그램을 취사선택해야 시간 낭비를 안 할 수 있다.

철저한 자가진단 시스템 가동

<기본 수학의 정석> 진도를 마치면 <쎈>, <개념원리 RPM>, <MAPL 마플 시너지> 등으로 전체적인 완성도를 자가 진단하는 것이 좋다. 예를 들면, A, B, C단계로 구성되어 있는 <쎈>에서 자가진단용으로는 B단계만을 활용하는 게 좋다. A단계는 너무 쉬워서 시간 낭비고, C단계는 중학생 자가진단용이 아니다. B단계 문항이 50~80문항 사이로 문항 수도 적절한 편이다. 그리고 대부분의 중학생이 5단원을 배울 때 쯤 1단원을 잊어버리는 것이 일반적이어서 아는 상태를 지속적으로 유지하는 것이 가장 중요하다. 그래서 <수학(상)>, <수학(하)>의 어떤 단원을 시험 봐도 <쎈> B단계 수준에서 정답률 90%를 유지하는 것은 고1 내신에서는 가장 중요하다.

소위 킬러 문제로 불리는 것들은 중3 말이나 실제 고1이 되어서 준비해도 늦지 않다. 고1 내신에서 킬러 문제라고 하는 것은 수능 모의고사 유형의 문제인데 이런 문제들은 고등학교의 부교재나 당해에 실시된 고1 수능 모의고사 문항을 변형해서 내신에 출제된다. 더군다나 기본 문제집의 정답률이 90%도 아닌 학생이 이런 문제를 다룰 이유는 더더욱 없다.

어차피 학원에서도 시험을 보는데 혼자 이렇게 할 필요가 있냐고 할 수 있을 것이다. 하지만 학원에서 실시하는 쪽지 시험은 대부분 그날 배운 부분을 다음 날 본다. 까먹을 틈이 없이 시험을 보기 때문에 결과가 안 좋을 수가 없다. 자가진단은 <수학(상)> 전체를 다 배우고 하는 것이 좋다. 자가진단 기록표를 엑셀에 기록하면서 학생과 학부모가 함께 관리하면 도움이 된다.

<수학(상)> 자가진단 기록 예시

과목	문제집	단계	단원	문항수	1차 날짜	오답수	오답률	2차 날짜	오답수	오답률	3차 날짜	오답수	오답률	4차 날짜	오답수	오답률
수학(상)	쎈	B	01 다항식의 연산	45	3월 20일	6	13%	5월 25일	3	7%	6월 25일	2	4%	7월 19일	1	2%
수학(상)	쎈	B	02 나머지 정리와 인수분해	89	3월 25일	13	15%			0%			0%			0%
수학(상)	쎈	B	03 복소수	47	4월 01일	11	23%			0%			0%			0%
수학(상)	쎈	B	04 이차방정식	68	4월 06일	15	22%			0%			0%			0%
수학(상)	쎈	B	05 이차방정식과 이차함수	50	4월 12일	12	24%			0%			0%			0%
수학(상)	쎈	B	06 여러 가지 방정식	56	4월 17일	15	27%			0%			0%			0%
수학(상)	쎈	B	07 부등식	48	4월 21일	12	25%			0%			0%			0%
수학(상)	쎈	B	08 이차부등식	80	4월 26일	16	20%			0%			0%			0%
수학(상)	쎈	B	09 평면좌표와 직선의 방정식	105	4월 30일	22	21%			0%			0%			0%
수학(상)	쎈	B	10 원의 방정식	77	5월 02일	18	23%			0%			0%			0%
수학(상)	쎈	B	11 도형의 이동	58	05월 19일	11	19%			0%			0%			0%

예시는 <쎈>을 활용한 자가진단인데 우선 <기본 수학의 정석>이나 개념서로 진도를 모두 마친 상태에서 문제집을 구매하되, 문제집에 바로 풀지 말고 연습장에 풀어서 오답을 기록한다. 엑셀 수식을 활용하면 자동으로 오답률이 기록된다. 한 권을 다 풀고 진단해 보면 나의 현 상태가 숫자로 확인된다. 목표한 정답률이 90%이니 오답률이 10% 이하여야 한다. 현재 오답률이 10% 미만인 단원은 하나도 없다. 이렇게 상태가 확인되면 다시 개념서로 공부하고 연습장에 다시 전체 문제를 풀어본 뒤 오답을 기록한다. 3월 20일 시작할 때 1단원의 오답률이 13%였던 것이 5월 25일에는 오답률 7%로 내려갔다. 나머지 상태도 확인하고 지속적으로 개념 복습과 전체 단원 문제풀이를 계속한다. 모든 단원이 목표를 상회하면 이제 <수학(상)>에서는 오답 문항만 다시 풀기 하면 되므로, 이제 <수학(하)>로 넘어간다.

여기서 주의할 점은 단원별로 문제를 풀 때 가능하면 쉬지 말고 한번에 풀어야 한다. 1단원 다항식의 연산이 45문항인데 실제 시험이라고 생각하고 중간에 10정도 쉬는 시간을 갖는 것 외에는 계속해서 다 푸는 것이 좋다. 이런 식으로 자가진단을 하려면 학생이 자기 공부할 시간이 있어야 한다. 그러려면 학원 다니는 시간과 적절한 조화가 필요하다. 학원에 너무 많은 시간을 할애하면 자가진단 시간이 줄어들거나 없어진다. 사실 성적 향상은 학원 수강보다는 자가진단에서 나옴을 명심하자.

학원의 목표 정하기와 자가진단의 최적화

중3 서연(가명)이는 학원에서 <화학Ⅰ>을 수강하려고 한다. 그럼 서연이는 어떤 목표를 세우고 학원 등록을 해야 할까? 서연이는 특목고나 자사고 진학 계획은 없다. 동네 일반고에 진학해서 내신 최상위권을 유지하고 수시로 대학에 진학하고 싶다. 그럼 서연이가 <화학Ⅰ>을 수강하는 목표는 우선 고2 내신에서 1학기와 2학기에 걸쳐서 3단위로 배우는 <화학>에서 내신 1등급을 확보하는 것이다. 다음으로 수능에서 <화학Ⅰ>을 선택하고 역시 1등급을 받는 것이다. 즉, 서연이가 <화학Ⅰ>을 수강하는 목표는 동네 일반고 내신 1등급 확보와 수능 1등급 준비이다. <화학Ⅰ>은 총 4개의 대단원으로 구성되어 있다. 고2 내신에서 1, 2단원이 1학기이고 3, 4단원이 2학기 내신이다. 고등학교 1학년은 수능 모의고사에서 <통합과학>만 다루기 때문에 처음으로 <화학Ⅰ>으로 수능 모의고사가 실시되는 것은 고2부터다. 그래서 고2 6월 모의고사는 보통 1단원이 범위이고, 9월 모의고사는 2단원까지다. 고2 마지막 모의고사는 11월에 실시되는데 3단원까지가 범위다.

서연이는 <화학Ⅰ> 1단원이 끝나면 동네 일반고 고2 내신 중간고사 시험지를 구해서 자가진단을 해야 한다. 그리고 고2 6월 모의고사 문제지를 인터넷에서 찾아 풀어야 한다. 역시 자가진단표를 기록하고 정답률을 관리해야 한다. 학원 진도가 2단원까지 끝나면 고2 9월 모의고사를 통해 1단원과 2단원에 대한 자가진단을 해야 한다.

수학 학원과 달리 과학 학원은 중간에 쪽지 시험도 잘 안 보는 경우가 많다. 과학 선행 학습에서 자가진단은 수학보다 더 중요하다. 그리고 과학 선행에서는 내 목표와 맞는 학원을 찾아 수강하는 것이 중요하다. 서연이는 분명 일반고 고2 내신 대비가 중요한 목표다. 그런데 특목고 준비 학원을 다니다 보면 일반고 내신에는 출제되지 않는 범위나 난이도의 문제를 푸는 수업을 듣게 된다. 불필요한 내용을 공부하며 중학생 화학대회 준비나 영재학교 수험생의 들러리가 될 필요는 없다.

　서연이가 다니는 과학 학원에서 <화학Ⅰ> 진도 끝나고 <물리학Ⅰ>을 수강하라고 권하기 시작한다. 서연이가 <물리학Ⅰ>을 수강해야 하는 이유는 무엇인가? 역시 동네 일반고 고2 내신과 수능 1등급 준비가 목표다. 하지만 서연이는 화학이나 생명과학 계열 진학을 목표로 하고 있으며 인근 여고들은 고2 내신에서 과학 4과목 중에 2과목만 선택한다고 한다. 그러면 서연이는 <화학Ⅰ>과 <생명과학Ⅰ>만 내신에서 수강하고 수능에서도 <화학Ⅰ>과 <생명과학Ⅰ>에 응시하면 된다. 서연이에게 <물리학Ⅰ>은 필요 없는 과목이다. 막연하게 이과는 물리학을 해야 한다는 헛소문에 현혹되었다면 시간과 돈을 낭비할 뻔했다. 그러나 구체적 수강 이유를 확인하는 습관이 있었던 서연이는 <물리학Ⅰ>을 듣지 않고 <생명과학Ⅰ>을 수강하기로 했다. 나중에 안 사실이지만 서연이가 다니던 중등 학원은 그 동네 고등학교 내신에서 2과목만 선택하면 된다는 사실도 몰랐고, <물리학Ⅰ> 수강을 강요한 이유도 생명과학 강사를 구하지 못했기 때문이었다고 한다. 일반고 진학을 목표로 하는 중학생이 고등 과정을 선행할 때는 우리 동네 일반고 내신 수업 경험이 있는지 반드시 확인해야 한다. 서연이는 <생명과학Ⅰ> 학원에 다니면서도 <화학Ⅰ>을 안 까먹고 고2 수능 모의고사 정답률을 단원별로 확인하는 자기주도학습을 지속해야 한다. 이런 자가진단을 통한 자기주도학습이 가능해야 고등학생이 되는 준비가 완성되는 것이다.

학원 호갱이 되지 않는 방법

① 목표가 불분명한 학원은 피하자

영재학교 준비를 하면 일반고에도 도움이 될까? 대표적인 중등 학원발 가짜뉴스다. 사실 영재학교 준비를 하다 보면 일반고 준비에 손해를 보는 경우가 더 많다. 영재학교 준비로 수학 공부만 과도하게 하다가 일반고 진학해서 국어 등급이 나빠서 목표 대학 진학이 불가능해진 사례는 너무도 많다. 영재학교 준비를 하다 보면 수학 정도는 조금 도움이 될 수도 있다. 하지만 과도하게 수학에 치우친 공부로 국어나 영어, 사회 등의 과목에서는 일반고 진학 후에 등급이 낮아질 수도 있다. 그러니 영재학교 준비 학원은 명확하게 영재학교 준비할 학생만 오라고 해야 신뢰할 만한 학원이다.

② 보충을 많이 하는 학원은 피하자

학부모들은 학원에서 보충해 준다고 하면 무조건 좋아한다. 학원이 보충수업을 한다면 귀책사유는 학원에 있든가 학생에게 있는 것이다. 학원이 상품을 잘못 팔았다면 3개월에 완성할 수 없는 과정을 사기로 3개월 완성으로 팔았을 것이다. 의사가 수술 1회면 완치된다 하고 나서 재수술을 계속하는 상황이다. 학원 귀책사유로 보충해야 하는 상황은 과정 설계에 오류가 있었거나 강사가 수업을 잘못했다는 것을 시인하는 셈이다. 또한 학생 귀책사유로 보충하는 상황은 학생이 과정을 따라갈 실력이 부족하다는 것이다. 전자든 후자든 잘못된 상품을 구매한 것이다. 즉시 반품해야 한다.

③ 양(量)치기 학원 VS. 완성(完成) 중심 학원

학습량으로 승부를 보려는 소위 양(量)치기 학원은 노동집약적 시간 보내기를 중시하는 후진형 학원이다. 학습의 효율은 생각하지 않고 학생들을 학원에 잡아 두는 시간이 많은, 소위 탁아소형 학원이다. 이런 학원에 보내는 목표는 분명하다. 학생들이 딴짓하는 것보다는 그냥 학원에서 시간을 보내는 것이 낫다고 판단하는 것이다. 성적 향상은 부차적인 효과일 것이다. 중학생들은 오랜 시간 학습하는 것을 익히기보다는 순간적으로 집중하고 배운 것을 완성하는 습관을 만드는 것이 중요한데 이렇게 긴 시간 잡아 두면 집중력을 떨어뜨리고 과정을 완성하려는 의욕을 저하시키게 된다. 상위권 학생에게는 절대 권장하지 않는다.

반대로 완성형 학원은 자기주도 학습을 강조한다. 과정에 대한 인증을 통과하지 못하면 다음 과정을 나가지 않는다. 1단원이 끝난 뒤 정답률 80%가 목표라면 이를 달성할 때까지 스스로 정리하고 다시 인증에 도전하는 과정을 반복한다. 매우 권장할만한 과정이다. 하지만 학생들은 매우 힘들어 하고 중도에 포기하는 학생들이 많다. 고등학교에 진학하면 이런 학원은 거의 없다. 중학생들이 이런 경험을 해 보고 스스로 습관을 완성하면 전교권 학생으로 성장하게 된다.

양치기 학원이나 완성형 학원은 모두 중학교 학원에만 존재하는 특이한 형태다. 가장 바람직한 것은 단과 학원이다. 어차피 중학생이 고등 과정 선행을 한다면 내용만 학원 수업으로 익히고, 완성하는 과정은 스스로 해야 한다. 단과 학원에서 좋은 강사와 교재를 선택하고 학생은 수업을 집중해서 들으면 된다. 학년이 올라갈수록 이런 강의로 이동해 가는 것이 상위권의 경로다. 그러다 보면 양질의 인터넷 강의를 활용하는 것도 가능해진다. 사실 강남이나 일부 사교육 집중 지역이 아니라면 인터넷 강의를 활용하는 방법을 터득해야 고등학교에 진학해서 수능 준비에 어려움을 겪지 않게 된다.

학원 수강 중 필수 점검 사항

① 앞 과정을 잘 모르는데 무리하게 선행을 하는 경우

➡ 당연히 앞 과정을 다시 해야 한다. 가능하면 앞 과정 학습할 때 썼던 교재를 혼자서 다시 정리하는 것이 가장 좋다.

② 진도가 너무 빨라서 수박 겉 핥기로 진행되는 경우

➡ 속도를 늦추거나, 그게 여의치 않다면 진도 설계가 여유 있게 계획된 과정이나 학원으로 이동해야 한다.

③ 수업이 너무 어려운 부분까지 다루거나 지엽적인 부분에 치우쳐서 진행되는 경우

➡ 강사의 교육과정 설계가 잘못되었으므로 당장 학원을 옮기는 것이 좋다. 중등 과정을 하는 중등 강사는 학벌보다는 경험을 보고 선택하는 것이 현명하다.

④ 과제가 너무 많아서 감당이 안 되는 경우

➡ 보통 학원들이 초5부터 중2까지는 집에서 공부하는 모습을 연출하려고 과제를 무리하게 편성하는 곳이 많다. 과제가 적은 학원으로 이동하는 것이 좋다.

⑤ 학생이 공부할 생각이 없는 경우

➡ 잠시 쉬는 것이 유일한 방법이다.

슬기로운 중등 학원 생활

① 근거 없이 잘한다고 하면 의심하자

일단 학원에서 이유 없이 기분 좋게 해 주는 경우는 상술이 숨어 있다. 중학교에서 50등 정도 하는데 특목고나 자사고 준비하자고 하면 사기에 가깝다.

② '내신은 A만 받으면 된다'고 하면 입시를 잘 모르는 학원이다

수학 학원에서 <국어>는 A면 되니까 <수학> 하나 더 수강하자고 하면 그 학원은 대입을 잘 모르는 곳이니 경계해야 한다. 학원은 자기 과목 위주로 생각하기 때문에 과목 간 균형 학습을 관리하는 것은 학생과 학부모의 몫이다. <수학> 먼저 하고 나머지는 나중에 하면 된다고 하는 중등 수학학원은 고등 내신의 구조나 고1 내신의 중요성을 전혀 알지 못하는 상태다. <수학>을 3일 이상 하려면 <국어>, <영어> 등 나머지 과목이 정말 탄탄해야 한다.

③ 선행을 많이 하고 학원 시험을 많이 본다고 내신 시험 보는 요령이 저절로 생기지 않는다

선행 학습은 시간 제한과 압박이 없으므로 실전과 다르다. 또한 학원에서 보는 시험은 최근에 배운 것만 보는 범위가 적은 쪽지 시험이라서 반 학기에 배운 내용을 그것도 3일 만에 전부 봐야 하는 내신과는 사뭇 다르다.

④ 학원들은 기출문제를 잘 안 준다

수업 시간에 써야 해서 잘 공유하지 않는다. 시험이 쉽다는 것이 드러나거나 실제 내신 기간에 사용할 콘텐츠가 없어서 이런저런 핑계를 대고 안 준다. 하지만 기출문제를 미리 풀지 않고 시험을 치르는 것은 마치 어디 가는지도 모른 채 여행을 가거나 쇼핑 목록이 없이 마트에 가는 거나 다름없다. 반드시 기출문제를 능수능란하게 활용할 줄 알아야 한다. 기출문제는 본인의 노력으로 확보해야 한다.

5장

비대면 혼공 시대의
맞춤형 공부법

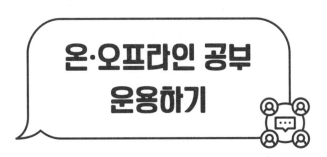

코로나 시대의 수능 강자

코로나19로 인한 타의적인 '혼공(혼자 공부함)' 시대가 도래했다. 물론 사교육이 득세하기 전에는 혼공이 주류였던 적도 있다. 하지만 갑작스레 대면학습이 최소화되고 혼자 공부하는 것이 보편화된 상황에서는 학생들도 혼공에 익숙해져야 한다. 환경을 탓할 시간이 없다. 재빨리 스위치를 바꿔서 비대면 학습에 최적화된 효율 높은 공부를 찾아야 한다.

우선 전통적인 수능 강자 유형을 되짚어볼 필요가 있다. 하나는 사교육 중심지를 중심으로 수능 점수가 높은 지역의 학생들이다. 강남구 대치동 인근, 서초권, 목동권, 분당권, 중계권, 대구 수성구권, 부산 해운대권 등이 대표적

204

인 사교육에 의존도가 높은 수능 고득점 지역이다. 두 번째 그룹은 전국단위 자사고 일부와 공주 한일고, 경기 화성고, 양서고 등 비평준 지역의 명문고들이다. 이 두 번째 그룹은 사교육에 의존하기 어려운 조건이다. 주변에 학원이 없고 사교육을 하러 대치동 등의 학원 지역으로 이동하기도 어렵다. 그래서 이런 지역의 학생들은 혼공에 의지하는 경우가 많다. 고시원과 비슷한 환경에서 사교육보다는 혼공의 강도를 높여서 수능 점수를 높이는 전략을 세운다.

혼공 시대의 맞춤형 학습법을 찾으려면 이 두 번째 그룹의 모델을 따라하면 승산이 있다. 일단 혼공을 위한 인프라가 완벽에 가깝게 구축되어 있다. 인터넷만 열면 인터넷 강의(이하 인강)가 넘쳐나고 비용도 오프라인 학원에 비해 매우 저렴한 편이다. 물론 혼공족보다는 사교육 의존형이 수능 성적에서 더 높은 점수를 받는 비율이 높다. 이는 강제성의 차이로 보인다. 학원에 다니면 강제로 규칙적인 학습을 해야 하고 강제로 부과된 과제도 수행해야 한다. 하지만 자율적인 인강파는 불규칙한 인강 수강으로 인해 학습 효과가 떨어지기 쉽다. 또한 과제나 테스트를 통한 익힘 관리가 안 되기 때문에 득점으로 이어지는 데에는 한계가 있다.

학습(學習)은 배우고(學) 익히는(習) 것이다. 사실상 혼공의 경우 '학'도 부실하고 '습'은 더 부실하게 될 가능성이 높다. 그래서 혼공의 핵심은 규칙적인 '학'과 엄격한 '습'의 관리다. 혼공이 성공하는 그룹을 보면 기숙사 학교나 학교에서 엄격하게 '습'을 관리하는 경우가 많다.

혼공 성공의 비결은 첫째도 규칙성이요, 둘째도 규칙성이다. 중학교 때 학습의 습관을 잘 들이면 고등학교 진학 후에 혼공에서 반드시 성공할 가능성이 높다.

온라인 학습 활용하기

이런 전제하에 혼공의 성공을 위한 자원들을 살펴 보자.

① EBS 강의

무료로 시청할 수 있는 EBS 강의가 대표적인 온라인 자원이다. 주로 일선 고교의 교사들이 강의를 진행하고 일부 사교육 강사가 참여하는 방식으로 진행된다. 고1, 고2 내신 강의와 고3을 위한 수능 강의 등 강좌의 종류도 다양해서 한마디로 없는 게 없는 무료 인강이다. 중등 과정도 마련되어 있으니 중학교부터 인강을 듣고 공부하는 습관을 연습해 두면 고등학교에 가서도 혼공에 도움이 될 것이다.

② 온라인 학원

메가스터디가 처음 인터넷 강의라는 영역을 개척하고 이투스, 스카이에듀, 강대마이맥 등이 뒤를 이어 인터넷 강의를 하고 있다. 처음에는 수강료가 현장 강의와 커다란 차이를 보이지 않았지만 요즘은 프리패스 시스템이 도입되어 전과목 1년 수강료가 30~60만원 선으로 저렴한 편이다. 일부 사이트는 성적이 목표에 도달하면 환급해 주는 시스템을 운영하기도 한다.

학생들이 인강을 선택할 때 가격만으로 선택하지는 않는다. 강사에 대한 선호도가 갈리고 교재에 대한 호불호도 존재한다. 인강 강사들을 비교 평가하는 사이트를 참고하는 것도 좋다. 보통 인강 선택시 인강 리뷰 사이트와 강의 사이트 수강평을 참고한다는 의견이 50%가 넘는다. 본인이 스스로 강의 평가를 확인하고 수강하는 비율이 압도적으로 높음을 알 수 있다. 가장 좋은 것은 직접 인강 사이트에 접속해서 맛보기 강의를 들어 보고 교재 구성도 검토해 보고 선택하는 것이 가장 좋다. 중학교 때부터 인강을 활용하려면 엠베스트, 수박씨닷컴 등의 중등 전문 사이트 강의를 활용해서 훈련하는 것도 좋다.

● **인터넷 강의의 장점**

① 저렴하다.
② 일타강사의 강의를 내 방이나 독서실에서 들을 수 있다.
③ 모르는 부분을 집중적으로 반복해서 수강할 수 있다.
④ 학원 이동 시간을 절약할 수 있다.
⑤ 학원에서 친구를 만나서 버리는 시간을 절약할 수 있다.

● **인터넷 강의의 단점**

① 완강률이 낮다. 작심삼일인 경우가 대부분이다.
② 불규칙한 수강으로 학습 효과가 반감될 수 있다.
③ 인강을 듣다가 유튜브로 넘어가는 경우가 생길 수 있다.
④ 졸면 깨워 주는 사람이 없다.
⑤ 모르면 질문할 수 없어서 그냥 넘어가는 수도 있다.
⑥ 과제나 시험의 강제성이 없어서 학습 효과를 확인하기 어렵다.

결국 인터넷 강의는 도구다. 효과는 도구를 활용하는 사람에게 달려 있다. 온라인 교육의 인프라도 훌륭하고 콘텐츠도 다양하다. 활용하는 학생의 습관과 규칙성이 관건이다.

성공적인 혼공을 위한 방법

① 인터넷 강의 + 대학생 과외

인터넷 강의와 대학생 과외를 병행해서 규칙적으로 인터넷 강의를 듣고 시험을 보거나 과제를 관리하는 방법도 좋은 혼공의 방법이다. 대학생 과외 교사는 아무래도 온라인 전문 강사보다 역량이 부족할 것이기 때문에 양질의 인터넷 강의 내용을 활용하고, 바로바로 질문하기 어려운 인터넷 강의의 단점을 대학생 선배의 도움을 받아 보완하는 방식이다.

② 스터디 카페나 학교 자습실

집에서 집중이 안 되면 스터디 카페나 학교 자습실을 이용하는 방법도 좋다. 실제로 기숙형으로 운영되는 고교 학생들이 수능 성적이 우수한 경우가 많은데, 이는 잘 관리되는 자습실이나 독서실이 공부의 효과를 높여 주기 때문이다.

공부와 일상의 균형

무조선 앉아서 공부만 한다고 학습 효과가 나는 건 아니다. 고3이야 어쩔 수 없다 해도 중학생이 고3의 자세로 4~5년 유지한 채 공부하는 것은 불가능하다. 어른 사회에서도 일과 휴식의 균형을 강조하는 '워라밸'이 대세다. 이제 학생도 공부와 휴식 또는 나만의 시간을 균형 있게 유지하는 스라밸(스터디와 라이프의 밸런스)의 방법을 찾아야 한다. 그것이 결국은 학습의 질과 효율을 높여 준다.

① 효율적으로 공부하기

일단 공부를 효율적으로 하는 것이 중요하다. 노동집약적으로 양(量)치기 하지 않고 가성비 높은 공부 방법을 찾아야 한다.

공부를 효율적으로 하려면 공부하는 목표가 분명해야 한다. 학자처럼 깨달음의 경지에 이를 때까지 깊이 있게 파고드는 공부를 할 계획이 아니라면 구체적인 목표를 만드는 것이 중요하다. 중간고사 100점, 기말고사 A, 고1 수학 개념 훑어보기 등과 같이 목표가 명확히 잡혀야 한다. 중간고사 100점이 목표라면 그에 맞는 학습 계획이 설 것이다. 학교 수업을 들으면서 시험에 나올 것들을 잘 필기하고 기출문제를 구해서 수업이 끝날 때마다 시험 출제 가능성이 높은 내용을 복습하고 암기하는 과정을 지속해야 한다. 학교 시험에 나오지 않을 부분을 굳이 암기할 필요도 없고 우리 학교 시험 난이도보다 어려운 문제를 공부하느라 시간을 허비할 필요도 없다.

고1 수학 과정을 개념 정리하는 것이 목표라면 개념을 명확히 적어 보고 설명해 보기도 하면서 기본 문제로 확인하면 된다. 개념 정리하는 목표인 학생이 너무 어려운 심화 문제를 붙들 필요는 없다.

많은 학생들이 쓸데없는 공부에 시간을 낭비하는 사례가 많다. 목표가 불분명해서 그렇다. 아무리 급해도 우물에서 숭늉을 찾으면 안 된다. 개념을 처음 배울 때 심화 문제까지 푸는 것은 무리수다. 무엇을 하던 목표를 명확하게 세워야 한다. 중학교 과학 내신이 B인 학생이 과학 공부를 한다면 '과학 내신 A 받기'정도가 좋은 목표다. 무리하게 '고2 <물리1> 선행 학습 및 심화 문제풀이' 같은 목표를 세워서는 안 된다. 중등 과학 내신 A가 목표라면 기출문제를 미리 확인하고 학교 수업을 들으면서 시험에 나올 것들을 필기해서 매일 복습하면 성공 가능성이 높다. 학원의 도움은 시험 직전에 필요하면 받으면 된다. 이렇게 목표를 한 번이라도 달성한 학생은 자신이 세운 목표에 대한 자기 효능감이 커진다. 그리고 성공 가능한 목표를 수립하는 데 두려움이 없어진다. 자기 수준에 맞는 목표를 구체적으로 세우고 목표 달성을 어떻게 쉽고 효율적으로 해낼지 연구하고 실천해야 한다. 그리고 이런 연구와 실천이 실력 향상과 득점 능력 향상으로 이어진다.

② 공부 이외의 시간에 대한 보상 확실하게

목표한 공부를 효율적으로 끝내면 무엇을 할 것인지 계획이 필요하다. 영화를 한 편 본다, 게임을 2시간 한다, 축구를 한다, 음악 감상을 한다, 캠핑을 간다 등 스라밸의 계획도 구체적이어야 한다. 막상 가성비 높게 공부를 마쳤는데 '이제 뭐하지?'하고 방황하게 되면 가성비 높게 공부한 보람이 없어진다. 스스로에게 상을 준다는 생각으로 중학생의 라이프를 즐겨야 한다. 그래야 다음에 목표를 세워 공부하는 것에 더 효율적인 접근이 가능할 것이다. 공부 이외의 시간에 대한 활용 방안도 고민해야 한다. 일단 '공부 안 하는 시간에는 무조건 게임이야' 라든가 '공부 안 하는 시간에 잠이나 자야지'처럼 공부 시간 이외 시간에 대한 활용이 부실하면 공부와 나머지 시간의 구분이 애매하게 되면서 스라밸은 불가능해진다.

또한 목표를 달성하면 보상이 주어져야 한다. 해야 할 공부를 다 하면 게임을 할 수도 있어야 한다. 스스로에게 보상도 없는 일에 최선을 다하거나 효율을 높이려는 사람은 없다.

입시 관련 가짜뉴스 팩트 체크

부동산, 증권가 못지 않게 '~카더라'뉴스가 횡행하는 곳이 바로 사교육 시장일 것이다. 입시의 근간이 경쟁 체계이다 보니 남들보다 앞선 정보력을 갖고자 하는 학부모와, 끊임없이 공포 마케팅으로 학생과 학부모의 학원 의존도를 높여야 하는 사교육 업체로서는 가짜뉴스를 생산, 공유, 유포하며 각자의 욕망을 실현하고 있다. 넘쳐나는 정보의 홍수 속에서 옥석을 가려내고 팩트 체크 할 줄 아는 것도 중요한 능력이다. 입시와 관련해 많이들 헷갈려 하는 가짜뉴스를 꼽아 보고 팩트 체크해 보겠다.

① 학생부전형에서 비교과는 당락을 결정한다?

⇨ 전형적인 가짜뉴스다. 학종에서 교과 성적 다음으로 중요한 것은 비교과이다. 비중은 학교마다 다르지만 20% 내외이다.

② 이과 학생이 <물리>를 안 하면 공대 진학이 어렵다?

⇨ 이과 학생이 학종으로 응시할 경우 고2 내신에서 <물리>를 회피했다고 판단되는 경우 일부 감점이 될 수는 있다. 단, 생명공학, 산업공학, 의약학계열, 농학계열 등 <물리>와 직접 연관이 없는 경우는 <물리>를 선택하지 않아도 크게 불이익은 없다.

③ 교과 성적이 나빠도 비교과로 뒤집기가 가능하다?

⇨ 비교과 사교육에서 주로 유포하는 가짜뉴스다. 비교과로 뒤집기는 사실상 어렵고 교과 성적이 비슷한 학생들 간의 경쟁에서 그나마 우위를 점할 수 있기 때문이다. 먼저 교과 성적을 챙기고 난 뒤 여유가 있으면 비교과에도 신경을 쓰자.

④ 논술을 하려면 경시대회 수준으로 준비해야 한다?

⇨ 학원에서 KMO나 물리경시를 강요하는 경우가 있는데, 이것들은 수능 서술형 수준이라 굳이 할 필요는 없다. 또한 내신에서도 물리는 안 하는 경우가 많아서 무조건 물리 경시를 할 필요는 없다. 서울대, 고려대가 논술을

실시하지 않고 의대 중에서도 서울대 의대, 연세대 의대, 고려대 의대, 성균관대 의대가 논술 전형이 없기 때문에 중학생이 대입을 염두에 두고 논술 준비를 할 필요는 없다.

⑤ 고1 내신보다 고3 내신 반영비율이 높다?

⇨ 일단 학년별 반영 비율을 논하는 전형은 교과전형이다. 학종에서는 학년별 비중이나 구분이 아예 존재하지 않는다. 학년별 반영 비율은 진로선택과목이 교과 성적에 반영되기 전에는 존재했으나 2021년 고3부터 진로선택과목이 대거 고3 교과 성적에 반영되면서 사라졌고, 현재는 학년별 비중이 없어졌다. 교과전형에서는 전체 과목을 단위수별로 골고루 반영한다. 교과전형에서 등급 성적이 나오는 고1과 고2가 비슷한 비율로 반영될 것이고 등급 교과 성적이 많지 않은 고3 성적이 반영되는 비율은 상대적으로 감소했다. 일부 대학이 진로선택과목 감점을 하는 경우가 있으나 등급이 감점 당하는 것과 비교하면 미미한 수준이다.

⑥ 진로선택과목에서 원점수가 높을수록 유리하다?

⇨ 교과전형은 진로선택과목을 반영하지 않거나 B부터 감점하는 경우가 대부분이다. 원점수가 반영되지 않는다. 원점수를 확인하는 경우는 학종에만 해당한다.

⑦ **<물리학Ⅰ>을 공부하고 고3 내신이고 심화 과목인 <물리학Ⅱ>까지 미리 선행하면 고등학교 진학해서 내신과 수능에 도움이 된다?**

⇨ 현재 중학생이라면 수시로 진학 가능할지 확신할 수 없고 정시로 진학할 경우 고3 내신은 아무 의미 없는 성적이기 때문에 고3 내신을 선행하라는 것은 사기에 가깝다. 그리고 보통 과학 4과목 중에서 3과목을 선택하는 게 일반적인데 <물리>를 선택할 수 없는 상황일 수도 있다. <물리> 선택자가 소수면 폐강되기도 한다. 특히 여고의 경우 과학탐구 2과목을 강제로 <화학>, <생물>로 지정하는 경우도 적지 않다. 과학 선행은 내가 진학 가능한 고등학교의 교과 편성을 확인하고 진행해야 한다. 흔히 영재학교나 과학고 준비생들이 무턱대고 <물리학Ⅰ·Ⅱ>를 덜컥 선행하기도 하는데 그러다가 떨어지고 일반고 진학 시 헛고생이 될 가능성도 있으므로 반드시 영재학교나 과학고 합격 가능성을 가늠해 보고 수강 과목을 택해야 한다. 일단 이과의 경우 안전한 방법은 공대 지망생이면 <물리학Ⅰ>과 <화학Ⅰ> 중 하나를 선행하고 의약학계열 지망생은 <화학Ⅰ>과 <생명과학Ⅰ> 중 하나를 선행하는 것이 좋다.

~~~~ 알파 자녀와 밀레니얼 학부모의 대입 대비 ~~~~

슬기로운
중학
공부법

초판 1쇄 발행 2021년 10월 31일

지 은 이   이해웅
발 행 처   타임북스
펴 낸 이   이길호
편 집 인   김경문
편   집   오성임
마 케 팅   유병준
디 자 인   하남선
제   작   김진식·김진현·이난영
재   무   강상원·이남구·김규리

타임북스는 (주)타임교육C&P의 단행본 출판 브랜드입니다.

출판등록   제2020-000187호
주   소   서울특별시 강남구 봉은사로442 75th AVENUE빌딩 7층
전   화   02-590-9800
팩   스   02-395-0251
전자우편   timebooks@t-ime.com

ISBN 979-11-91239-42-3